한 권으로 끝내는
무역영어, 이메일영어, 계약영어

한 권으로 끝내는 무역영어, 이메일영어, 계약영어

발행일	2022년 7월 29일

지은이	조상무		
펴낸이	손형국		
펴낸곳	(주)북랩		
편집인	선일영	편집	정두철, 배진용, 김현아, 박준, 장하영
디자인	이현수, 김민하, 김영주, 안유경, 한수희	제작	박기성, 황동현, 구성우, 권태련
마케팅	김회란, 박진관		
출판등록	2004. 12. 1(제2012-000051호)		
주소	서울특별시 금천구 가산디지털 1로 168, 우림라이온스밸리 B동 B113~114호, C동 B101호		
홈페이지	www.book.co.kr		
전화번호	(02)2026-5777	팩스	(02)2026-5747

ISBN	979-11-6836-395-3 03740 (종이책)	979-11-6836-396-0 05740 (전자책)	

작가 연락처 문의 ▸ ask.book.co.kr

작가 연락처는 개인정보이므로 북랩에서 알려드릴 수 없습니다.

● 꼭! 알아야 할 비즈니스 실용영어의 모든 것 ●

무역영어, 이메일영어, 계약영어

한 권으로 끝내는

조상무 지음

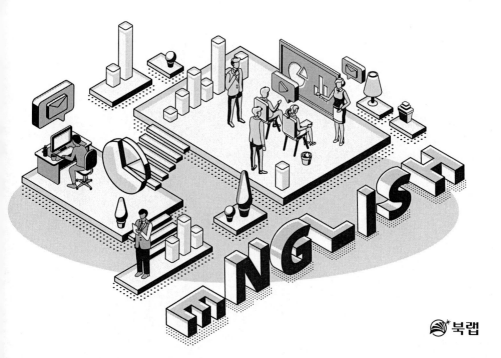

ENGLISH

🐚*북랩

유능한 무역일꾼이 되자!

최근 3년째 지속되는 코로나19 상황, 우크라이나 전쟁, 그에 따른 원자재 공급난 등 세계 경제는 지금까지 경험해 보지 못한 심한 몸살을 겪고 있습니다.

수출입 규모 세계 8위를 점하고 있는 국내 무역회사는 자국의 경상수지 흑자, 회사의 성장, 임직원의 복지 증진 등을 위해 밤낮 가리지 않고 육해공 전선에서 외국의 수많은 기업과 치열한 경쟁을 벌이고 있습니다.

특히 수출입 업계에 종사하는 많은 실무 담당자들은 축적된 국제 거래 경험을 바탕으로 해외 거래처들과 이메일 소통, 협상, 계약 체결, 납품, 거래 완결 등 중요한 업무 과제를 해결하기 위해 동분서주하고 있습니다.

이 책은 비즈니스 현장에서 많이 쓰이는 이메일영어, 무역영어, 계약영어 등 살아있는 정보를 제공함으로써 수출입 업무를 담당하는 임직원들에게 조금이나마 도움이 되고자 급변하는 세상에 나오게 되었습니다.

이 책은 이메일영어, 무역영어, 계약영어 등 현장에서 자주 사용하는 실용영어 위주로 구성하였으며 실무 담당자들이 업무 처리 과정에서 생기는 문제를 해결해 나갈 때 찾아보기 쉽게 체계적으로 기술하였습니다.

이메일영어에서는 거래 관계에서 자주 사용하는 주제들을 선별하여 주제에 대한 상세한 설명과 함께 실제 현장에서 서신을 교환할 때 바로 적용할 수 있도록 완전한 문장 구조를 갖춘 상황별 이메일 예문을 담았습니다.

무역영어에서는 비즈니스 초기 단계에서 거래 완결까지 반드시 해야 하는 실무 과제들을 수행할 때 업무 단계별로 어려움 없이 바로 응용할 수 있도록 충분한 예문을 기재했습니다.

계약영어 부문에서는 계약의 개요, 영문계약서 작성 원칙, 계약서에서 자주 사용하는 관용어구, 영문계약서 기본 구조 등으로 구성했습니다. 특히 영문계약서 기본 구조에서는 계약영어 문장을 처음 접하는 독자들도 쉽게 이해할 수 있도록, 그리고 계약 실무 담당자들에게는 계약서 초안 작성에 많은 도움이 되도록, 주제별 상세한 설명과 함께 예문에 친절한 해석을 더했습니다.

저자는 지난 1년 동안 실용영어와 관계되는 도서 등 각종 자료를 읽고 비즈니스 현장의 의견을 경청하면서 무역 전선에서 종사하는 실무 담당자들이 우리나라 경제 발전에 지대한 공헌을 하고 있다는 것을 깨달았고, 이에 고마움을 전합니다.

아무쪼록 이 책은 저자가 블로그 활동을 통해 선별한 살아있는 실용 영어이므로 독자 여러분께서 반복 학습을 거듭하여 명실상부한 무역 일꾼으로 성장하길 바라며, 또한 이 책이 수출입 업무를 원활하게 수행하는 데에 많은 도움이 되기를 바랍니다.

목차

제1장 /
쉽게 쓰는 이메일영어

제2장 /
쉽게 배우는 무역영어

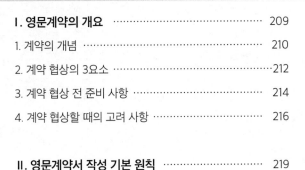

제3장 /
알기 쉬운 계약영어

쉽게 쓰는 이메일영어

영어 글쓰기 원칙

1) 한 단락에 한 화제만을 다룬다

어떤 주제에 대하여 글을 쓸 때 화제별로 세분화해야 하는 경우에는 화제 하나가 한 단락을 구성해야 합니다.

즉 한 단락에 한 문장 혹은 그 이상을 쓰더라도 하나의 화제만을 다루어야 한다는 의미입니다. 한 단락에 한 화제만을 다루는 이유는 내용의 일관성을 유지하여 독자의 이해를 돕기 위해서입니다.

또한 새로운 단락의 시작은 독자에게 새로운 화제나 아이디어를 제시하는 신호라고 볼 수 있습니다.

예문

Let's respect each other. Respect is polite behavior as a result of thinking that the other person is more important than you. We had better accept other people's opinions although their ideas and personalities are different from ours.

해석

서로 존중하자. 존중은 상대방이 당신보다 더 중요하다고 생각할 때 나오는 정중한 행동이다. 비록 다른 사람들의 생각과 성격이 우리와 다르더라도 그들의 의견을 받아들이는 것이 좋다.

2) 간결하게 쓴다

일반적으로 어휘력이 부족해 문맥에 알맞은 단어가 생각나지 않아서 글을 장황하게 쓰는 경우가 많습니다. 그뿐만 아니라 영어식 사고의 구조를 정확히 이해하지 못한 채 머릿속에 떠오르는 우리말을 그대로 영어로 옮기는 때에 불필요한 단어가 들어가기도 합니다.

따라서 문법적 실수를 줄이기 위해서는 긴 문장을 쓰기보다는 짧은 문장의 구조로 말하고자 하는 내용을 간결하게 쓰는 습관을 지녀야 합니다.

그러나 영문 문서의 경우에는 명확하고 조리 있는 글을 만들어내기 위해서 중요한 단어나 구문을 반복적으로 신중하게 표현하기도 합니다.

📧 예문

The fact that the young businessman had not succeeded → The young businessman's failure

📧 해석

젊은 사업가가 성공하지 못했었다는 사실 → 젊은 사업가의 실패

3) 구체적인 어휘를 쓴다

반대말인 추상적인 어휘를 쓰면 글을 전개하기가 막연하기 때문에 주제문이 아니라면 당연히 쓰지 않는 것이 좋습니다.

추상적인 개념을 구체적인 표현으로 풀어쓸 수 있어야 글에 생동감이 넘쳐나고 문장을 쉽게 이해할 수 있습니다. 또한 구체성이 있는 문장이어야 실용적이고 설득력 있는 정보를 제공하므로 독자의 주목을 끌 수가 있는 것입니다.

> The promising young businessman opened the letter, read it, and made a note of its contents.

유망한 젊은 사업가는 편지를 펴서 읽고 그 내용을 기록했다.

4) 사물 주어를 활용한다

대부분 '사람'이나 인격 대명사가 주어 자리에 있는 경우에 문맥이 자연스럽고 행위의 능동성을 반영하기 때문에 문장이 살아납니다. 특히 우리말 쓰기 방식에 있어서는 주어 자리에 사물이 있으면 어색한 경향이 있습니다.

그러나 영어 글쓰기에서 사물을 주어로 쓰면 문장을 간결하게 만들고, 말하고자 하는 대상을 강조할 수 있습니다. 사물 주어는 여러 종류의 국제 거래 계약서를 영어로 작성할 때 자주 사용됩니다.

 예문

> Products shall be purchased and sold hereunder on the terms and conditions set forth in Annex A.
>
> - hereunder: ~의 아래 내용에 따라, 의거하여. 문어체 단어로 계약 문서에서 자주 사용됨
> - terms and conditions: (가격 등 거래의) 조건, 약관
> - set forth: (규정, 기준 등을) 제시하다, 제기하다, 명시하다

해석

제품은 부록 A에 명시된 조건에 따라 구매하고 판매한다.

5) 연결사를 잘 활용한다

연결사(Transition)는 구문과 구문을 논리적이고 부드럽게 연결하는 어구입니다. 즉 도로에서의 교통표지판과 같은 역할을 합니다. 따라서 적절한 연결사의 사용은 영어 글쓰기에서 구문 간 부드러운 전환을 위한 중요 사항입니다.

평소 글쓰기를 할 때 연결사를 활용하는 습관을 들이면 이정표를 보고 길을 걷는 것처럼 명확한 방향성을 나타내는 글을 쓸 수 있습니다. 자주 사용되는 연결사로는 however, otherwise, while, in addition, for example, therefore, finally 등이 있습니다.

📧 예문

Many people enjoy taking their children to the zoo. It is a chance for children to see animals that they would not be able to see anywhere else. However, I find the zoo a depressing place to visit because animals are cooped up in small cages.

📧 해석

많은 사람은 아이들을 동물원에 데려가는 것을 즐긴다. 아이들이 다른 곳에서는 볼 수 없는 동물을 볼 수 있는 기회다. 그러나 동물이 작은 우리에 갇혀 있기 때문에 동물원은 방문하기에 우울한 곳이라고 생각한다.

6) 대등한 개념은 동일한 형태로 나타낸다

영어 글쓰기를 할 때 대등한 개념은 같은 형태로 나타내야 한다는
의미입니다. 다시 말해, 두 개념의 형태가 균형을 이뤄야 한다는 것을
의미합니다.

이 원칙을 지키면 글이 단정해지고 문맥을 쉽게 파악할 수 있습니다.
따라서 문장 구조 속에서 어휘의 성격과 역할을 고려하여 글을 쓰는
습관을 길러야 합니다.

 예문

Formerly, science was taught by the textbook method; now
it is taught by the laboratory.

 해석

이전에 과학은 교과서적인 방법으로 가르쳤지만, 지금은 실험적 방식으로 가르
친다.

이메일영어 쓰기

국제화 시대에 사는 오늘날, 영문 E-mail은 비즈니스 영어 중에서 가장 중요한 부분을 차지하고 있습니다.

영문 E-mail은 아래와 같이 대략 10가지 요소로 구성되어 있으니 이메일을 쓸 때 여러 가지 주제를 상황에 맞게 적용해 보시기 바랍니다.

1) 발신인(From): 메일을 보내는 사람
2) 수신인(To): 메일을 받는 사람
3) 제목(Subject): 전체 내용을 나타내는 간단명료한 주제
4) 인사(Salutations): Dear, Hi, Hello 등을 이름 앞에 사용
5) 인사말(Greetings): 메일을 발송한 이유나 감사 표현(서두)
6) 본문(Body): 간결하고 명확한 문장으로 구성, 즉 하나의 문단에는 하나의 요점만 기술
7) 맺음말(Closing): 본문이 끝난 후의 인사말로, 마지막 경의를 나타내는 표현임. 인사말의 첫 글자는 대문자로 시작하고 끝에는 Comma(,)를 찍음. Yours sincerely, Best regards, Yours faithfully, Sincerely yours, Cordially yours 등

8) 첨부(Attachment): 첨부 파일이 없을 때는 당연히 필요하지 않으나 첨부 파일이 있을 때는 그 파일을 참고하라고 본문에 표현하는 것이 좋음

9) 서명(Signature): 일반적으로 Yours sincerely, Best regards 등과 함께 이름을 씀

10) 비고(Remarks): 보충 설명이 필요한 경우 메일 말미에 P.S., PS(추신) 등을 사용하여 간단하게 표현하는 것이 좋음

From: Mina Jo
To: Claire Sullivan
Subject: Vacant Positions

Dear Ms. Sullivan,

I'm writing to inquire about the vacant positions in the asset management department of your company. I'm a recent college graduate with a bachelor's degree in economics. It has been my goal to establish a career in this field. I have every confidence considering my educational background and internship experience.

I would appreciate it if you reply at your earliest convenience. You can contact me at 010-432×-567×, if needed. I am ready to send you any material. Thank you in advance for your consideration and time.

Attached please kindly find my resume.

Yours sincerely,
Mina Jo

- inquire about: ~에 관하여 문의하다, 알아보다, 묻다
- vacant positions: 공석, 빈자리, 결원
- asset management department: 자산관리부
- internship experience: 인턴쉽 경험(기업 활동 체험 근무)
- at one's earliest convenience: 되도록 빨리, 가급적 일찍
- in advance: 미리, 사전에, 선불로, 선지급으로
- attached: 첨부된, 부착된, ~ 소속의

보낸 사람: 조미나
받는 사람: 클레어 설리번
제목: 직위 공석

친애하는 설리번 님,

귀사의 자산관리부서에 공석이 있는지 문의하고자 메일 드립니다. 저는 최근에
경제학 학사 학위를 취득한 대학 졸업생입니다. 이 분야에서 경력을 쌓는 것이
제 목표였습니다. 저는 제 교육 배경과 인턴십 경험에 절대적인 자신감을 갖고
있습니다.

이른 시일 내에 답변을 주신다면 정말 감사하겠습니다. 필요하시면 010-432×
-567×로 연락해주시면 됩니다. 저는 귀사에 어떤 자료든 보낼 준비가 되어 있
습니다. 귀사의 배려와 시간을 내주심에 미리 감사드립니다.

제 이력서를 첨부합니다.

당신의 신실한,
조미나 올림

거래하는 상대방에게 이메일을 처음 보내는 경우에는 자기소개를 분명히 해야 합니다. 내가 어느 회사에서 어떤 일을 하고 있는지, 왜 메일을 보내는지를 명확하게 언급해야 합니다.

또한 상대방이 나를 기억할 만한 단서, 예를 들면 '전에 통화한 적이 있다', '누구를 통해 소개받았다' 등의 내용을 언급하면 상대방에게 친밀감을 줄 수 있습니다.

다음의 예문을 상대방과 처음 비즈니스를 시작할 때 상황에 맞게 적용한다면 매우 도움이 될 것입니다.

From: Jake
To: Smith
Subject: Self-Introduction

Dear Mr. Smith,

This is Jake from the marketing department at Joco Korea.
I am responsible for the product launch. I am the representative who talked to you on the phone yesterday.
I am writing to ask about your order. Let me know as soon as you can, so we can proceed smoothly with the order process.

Kind regards,
Jake

- am responsible for: ~에 책임이 있다 (=take charge of)
- product launch: 제품 출시
- order process: 주문 절차, 주문 과정

해석

보낸 사람: 제이크
받는 사람: 스미스
제목: 자기소개

친애하는 스미스 님,
조코코리아 마케팅부서의 제이크입니다.
제품 출시를 책임지고 있고, 어제 전화 통화한 담당자입니다.
당사는 귀사의 주문에 대해 문의하고자 글을 씁니다. 가능한 한 빨리 알려주시면 주문 절차를 원활하게 진행할 수 있습니다.

안부를 전하며,
제이크 올림

고객 소개 요청

고객은 영어로 'Customer'라고 합니다. 즉 '사업자가 제공하는 상품, 서비스 등을 습관적으로 사러 오는 사람'을 뜻합니다. 그에 반해 소비자는 영어로 'Consumer'라고 합니다. 즉 '사업자가 제공하는 상품, 서비스 등을 살지도 모르는 사람'을 통칭합니다.

그렇다면 소비자가 수많은 소비 활동을 하며 다양한 제품을 구매하고 있는 상황에서 어떻게 신규 고객을 창출할 수 있을까요?

소비자에게 상품을 계속 소비하게 하는 것, 즉 충성도가 높은 고객을 만들고 확보해 나가는 것이 사업자에게 가장 중요한 과제가 아닐까 생각합니다.

경쟁 회사의 장점, 즉 '왜 고객이 경쟁 회사의 제품을 이용하는가'에 대한 본질적인 이유를 파악해서 그보다 나은 품질과 서비스를 제공하도록 노력해야만 신규 고객을 확보할 수 있습니다. 그렇지 않으면 우리의 상품은 사업화 영역으로 가기 전에 잊혀가는 아이템으로 끝날지도 모릅니다.

요즘 많은 사업가는 자사의 상품 및 서비스에 대해 SNS 홍보, 후기 등록 요청 등을 통해 신규 고객을 확보해 나가고 있습니다.

다음의 예문에서는 고객을 소개받을 때 소개자에게 제공하는 인센티브로 현금성 쿠폰을 지급하는 방법을 사용했습니다.

From: Shirley
To: Alice
Subject: Introducing New Customers

Dear Alice,

Is everything fine for you recently?

I noticed you bought the ultrasonic cleaner frequently from our store when I checked our order list yesterday. I guess you are quite satisfied with the quality of our goods and our customer service.

So I would like to know if you may introduce some new customers such as your friends or colleagues.

As a reward, we can give you a certain cash coupon for every customer you recommend successfully.

What do you think of the above? If you have any good suggestions, please feel free to tell us.

I'm looking forward to our new cooperation and waiting for your positive reply.

Kind regards,
Shirley

- ultrasonic cleaner: 초음파 세척기, 초음파 청소기
- order list: 주문서 목록, 순차 목록
- be satisfied with: ~에 만족하다, ~에 안주하다
- feel free to: 마음대로 ~하다, 자유롭게 ~하다
- look forward to: ~을 고대하다, 기대하다, ~을 바라다

보낸 사람: 셜리
받는 사람: 앨리스
제목: 신규 고객 소개

친애하는 앨리스 님,
요즘 잘 지내십니까?
어제 주문 목록을 확인해보니 고객님이 당사에서 초음파 세척기를 자주 구입하
신 것으로 나타났습니다. 상품의 품질과 고객 서비스에 매우 만족하셨다고 생
각합니다.
그래서 고객님의 친구나 동료 등 새로운 고객을 소개할 수 있는지 알고 싶습니다.
보상으로 성공적으로 추천한 고객 수만큼 앨리스 님에게 특정 현금 쿠폰을 제
공할 수 있습니다.
위의 내용에 대해 어떻게 생각하십니까? 좋은 제안이 있으면 언제든지 알려주
십시오.
새로운 협력을 기대하며 긍정적인 답변을 기다리겠습니다.

안부를 전하며,
셜리 올림

회사 정보 요청

요즘 코로나19 방역 완화로 해외에서 진행되는 각종 행사장 방문 횟수가 점점 늘어나고 있습니다. 구매자, 즉 바이어는 박람회, 전시회 등에서 판매자와 상담하고 종종 명함을 주고받습니다.

구매자는 전시된 상품을 살펴본 후 구매 의향이 있으면 메일이나 전신 등을 활용하여 판매자에게 상품의 특성, 사양, 가격 조건 등 구체적인 정보를 요청합니다.

따라서 구매자가 회사와 상품에 대한 상세한 정보를 얻는 경우 주문, 배송, 수령 등의 업무가 원활하게 진행될 것입니다.

다음 예문은 구매자가 상담 후 판매자에게 회사와 상품의 구체적인 정보를 요청할 때 사용하는 영어 표현입니다.

From: Gildong Cho
To: Frank Jason
Subject: Request for Company Information

Dear Mr. Jason,
I am Gildong Cho. I work in the catering business. We met each other at the trade fair last month and you gave me your business card so as to make further contact.
Through comparison, we found that the coffee beans sold by your company are of high quality. We were deeply impressed with the rich taste of your coffee beans. I believe that your coffee beans are perfect for ground coffee.
As the purchasing manager of a catering company, I have intention to make a bulk purchasing. I am wondering if you can send me more information about your company and products. And I will be much grateful to be notified about your order procedures.
I'm looking forward to hearing from you as soon as possible.

Your sincerely,
Gildong Cho

- catering business: 음식 공급업계, 요식업계
- make further contact: ~와 더 연락하다, 접촉하다
- be impressed with: ~에 감동하다, 감명받다
- rich taste: 풍부한 맛, 풍미
- ground coffee: 커피 가루, 갈아놓은 커피
- make a bulk purchasing: 대량 구매를 하다
- be grateful to: ~에 감사하다 (=be obliged for)
- be notified about: ~에 대해 알려지다, 통지를 받다

보낸사람: 조길동

받는 사람: 프랭크 제이슨

제목: 회사 정보 요청

친애하는 제이슨 님,

저는 조길동입니다. 저는 음식 공급업에 종사하고 있습니다. 우리는 지난달 무역 박람회에서 만났는데 앞으로의 만남을 위해 저에게 명함을 주셨습니다.

비교해 보니 귀사에서 판매하는 커피 원두의 품질이 우수함을 알았습니다. 저희는 커피 원두의 풍부한 맛에 깊은 감명을 받았습니다. 귀사의 커피 원두가 커피 가루용으로 적합하다고 믿습니다.

저는 음식 공급회사의 구매담당자로서 대량 구매를 하고자 합니다. 귀사와 제품에 대한 추가 정보를 보내주실 수 있는지요. 그리고 주문 절차에 대해 알려주시면 감사하겠습니다.

가능한 한 빨리 소식을 들을 수 있길 기대합니다.

당신의 신실한,

조길동 올림

제품 정보 문의

　제품 정보는 보통 잡지, 광고, 홈페이지 등에서 얻을 수 있는데, 제품 규격, 가격 등에 대한 자세한 정보는 구하기가 어려운 실정입니다.

　제품 정보 등을 문의할 때는 공손하고 예의를 갖춘 단어를 선택해서 사용해야 하며, 요청 사항이 무엇인지를 분명하게 밝혀야만 상대방이 이에 부응한 회신을 제공할 수 있습니다.

　특히 문의하고자 하는 정보, 즉 상품의 규격, 디자인, 색상, 사용 방법, 보관 방법에 이르기까지 제품에 관한 구체적인 사항에 대해 확실하게 명시해야만 기대하는 정보를 얻을 수 있습니다.

From: Mary
To: David
Subject: Asking for Products Information

Dear Sir David,
We have learned from an advertisement that your company is producing high quality hairdryers, and we found it's very popular with customers from other places, especially young people. Would you mind sending a catalogue and some samples to us, so that we may know the prices and specifications of your products? We'd like to know more information about your products and make a large order from your company. We want to expand the market and make your products more popular among people, which will benefit both of us. So we would appreciate it if you send us the details of your products as mentioned above.
We are looking forward to your early reply.

Yours faithfully,
Mary

- high quality: 고품질의, 양질의 (=good quality)
- large order: 대량 주문, 다량 주문 (=bulk order)
- as mentioned above: 위에서 말한 바와 같이, 위에서 말했듯이, 위에서 언급했듯이
- look forward to: ~을 고대하다, 기대하다, 바라다 (=long for)
- early reply: 조속한 회신, 빠른 답변

보낸 사람: 메리
받는 사람: 데이비드
제목: 제품 정보 요청

친애하는 데이비드 님,
광고를 통해 귀사에서 고품질 헤어드라이어를 생산하고 있으며 귀사의 제품이 다른 지역의 고객, 특히 젊은 층에게 매우 인기가 높다는 것을 알게 되었습니다. 제품의 가격과 사양을 알 수 있도록 카탈로그와 샘플을 보내 주시겠습니까? 귀사의 제품에 대한 더 많은 정보를 알고 싶고 귀사에 대량 주문을 내고 싶습니다. 저희는 시장을 확장하고 귀사의 제품을 사람들에게 더 알리고자 합니다. 이는 우리 모두에게 이익이 될 것입니다. 따라서 위에서 언급한 제품의 세부 정보를 보내주시면 감사하겠습니다.
귀하의 빠른 회신을 기다리겠습니다.

당신의 충실한,
메리 올림

신상품 소개

장사나 사업(Business)은 정말 쉬운 일이 아니라고 합니다. 마치 거친 파도 위의 배처럼 고된 일일 수도 있기 때문입니다. 가게를 번창하게 하기 위해서는 단발 고객보다는 단골 고객을 많이 확보하는 방법을 실천해 나가면 좋습니다.

그뿐만 아니라 장기 고객 유지도 중요하지만 얼마나 우리 가게를 많이 이용했느냐도 중요한 과제입니다. 사실 잘 되는 가게는 지속 반복적으로 자주 이용하는 고객이 많습니다.

가장 일반적인 고객관리는 엑셀 등의 프로그램을 사용하여 고객정보(전화번호, 이용 일자, 이용 횟수, 누계 이용 금액 등)를 관리하는 것입니다.

From: Mirae Jo
To: Monica Noel
Subject: Introducing Products

Dear Ms. Noel
I am glad to inform you that there are some new products in our store.
Compared with the old ones, the new ones have much better quality and more competitive price. I would like to take the hairdryer you ordered last time as an example: firstly, the new ones are prettier, smaller, and easier to carry around ; secondly, it's less noisy.
If you have any questions about the new products, please feel free to call us from 9:00 a.m. to 5:00 p.m. on week days. We will be pleased to serve you.
I hope you have a nice day.

Faithfully yours,
Mirae Jo

- compared with: ~와 비교해서, ~에 비해
- competitive price: 경쟁력 있는 가격, 적절한 가격
- carry around: ~을 들고 다니다, 휴대하다 (=carry about)

보낸 사람: 미래조
받는 사람: 모니카 노엘
제목: 신제품 소개

친애하는 노엘 님,
저희 매장에 몇 가지 신제품이 있음을 알려드리게 되어 기쁩니다.
새 제품은 이전 제품과 비교했을 때 품질이 훨씬 좋고 가격 경쟁력이 있습니다.
지난번에 주문하신 헤어드라이어를 예로 들겠습니다. 첫째, 새것이 더 예쁘고
작고 휴대하기 편합니다. 둘째, 소음이 적습니다.
신제품에 대해 궁금한 점이 있으시면 평일 오전 9시부터 오후 5시까지 언제든
지 전화 주십시오. 기꺼이 모시겠습니다.
좋은 하루 보내시길 바랍니다.

당신의 충실한,
조미래 올림

가격 문의

재무적인 관점에서 판매가격은 재료비, 인건비, 광고비, 판매관리비, 적정 이익 등의 합으로 구성되어 있습니다. 다시 말하면 판매가격은 이익도 손해도 아닌 금액(판매 원가)에 적정 마진(이익)을 더해 결정되는 것입니다.

마케팅 관점에서 판매가격은 시장과 수요, 경쟁요인, 고객의 니즈, 상품 특성, 생산 원가 등을 고려하여 형성됩니다.

소비자 관점에서 판매가격은 소비자가 제품이나 서비스를 획득하거나 사용함으로써 얻게 되는 가치에 대해 지불하는 대가를 말합니다.

따라서 판매회사는 재무 상황, 외부 경쟁요인, 소비자 니즈 등을 반영한 종합적인 가격 전략을 수립하여 적정 가격의 제품을 출시할 필요가 있습니다.

판매회사는 제품 출시 초기에는 매출 증가나 시장점유율을 확대하기 위해 구매자가 대량 주문할 경우 정가 이하로 가격을 할인하는 등 적극적 마케팅 전략을 실행하기도 합니다.

From: Lucy
To: William
Subject: Inquiry about Price

Dear Sir William,
We have been paying close attention to your products for a long time, and we are very interested in them. We want to open a negotiation with you and see whether we can cooperate in the future. But before the negotiation, we would like to make an inquiry about your products.
We sincerely hope to send us your catalogue which includes the price and payment terms of your products. In addition, we also want to know if a volume discount would be offered. We are looking forward to receiving your catalogue as soon as possible.

Yours sincerely,
Lucy

- pay close attention to: ~에 많은 관심을 갖다, 세심한 주의를 기울이다
- open a negotiation with: ~와 협상을 개시하다, 교섭을 하다
- make an inquiry about: ~에 대해 문의하다, 조사하다
- payment terms: 지불 조건, 결제 조건 (=terms of payment)
- volume discount: 대량 구매 할인, 수량 할인

보낸 사람: 루시
받는 사람: 윌리엄
제목: 가격 문의

친애하는 윌리엄 님,
저희는 오랫동안 귀사의 제품에 깊은 관심을 기울여 오고 있습니다. 귀사와 협상을 개시하면 앞으로 우리가 협력할 수 있는지 알고 싶습니다. 하지만 협상 전에, 저희는 귀사의 제품에 대해 문의하고자 합니다.
귀사의 제품 가격과 지불 조건이 포함된 카탈로그를 보내주시기를 바랍니다. 또한 대량 할인이 가능한지 알고 싶습니다.
가능한 한 빨리 귀사의 카탈로그를 받기를 고대하겠습니다.

당신의 신실한,
루시 올림

◆9 주문 감사

우리 회사 상품을 주문한 고객에게 감사 메시지를 전할 때는 길이길이 남을 수 있도록 텍스트를 활용하는 것이 효과적인 방법이 아닐까요? 전화 통화보다는 정성과 진정한 마음을 담아 감사의 메시지를 전한다면 단골 고객이 될 확률이 더 높아진다고 합니다.

감사 메시지를 텍스트로 전할 때 아래와 같은 방법을 사용한다면 고객으로부터 호의적인 반응을 얻을 수 있습니다.

첫째, 메시지의 머리말은 긍정적인 첫인상을 강조하거나 특별한 의미를 부여하는 글을 씁니다.

> 예 소중한 인연이 되어 주신 고객님, 따뜻한 햇살을 품은 청정쌀을 구매해 주셔서 감사드립니다.

둘째, 오감, 즉 시각, 청각, 후각, 미각, 촉각의 다섯 가지 감각으로 느껴지는 단어를 씁니다.

> 예 저희 회사는 정성과 행복 가득한 손길로 만든 청정쌀을 감사한 마음을 담아 고객님께 보내드립니다.

셋째, 반전, 즉 어떤 한계에서 가능이나 긍정으로 전환하는 표현을 사용합니다.

예 소량 생산이라 할지라도 최고의 품질과 신선함으로 고객님께 보답하겠습니다.

넷째, 주의를 집중시키거나 시선을 끄는 표현으로 메시지를 마무리 합니다.

예 이것만은 꼭 기억해주세요. 고객님의 건강은 앞으로 저희가 책임지겠습니다. 언제든지 궁금한 사항은 연락해주시면 신속하게 해결해 드리겠습니다.

From: Mike
To: Annie
Subject: Thanks for Your Order

Dear Annie,
Thank you very much for ordering our portable hairdryer.
Here are your order details:

▷ Item: 20 sets of hairdryer
▷ Price(shipping fee included): $2,200
▷ Shipping service: EMS fast shipping service

Please check if there is anything wrong. If all the above is
correct, you can make payment now. Then our warehouse
staff will pack your order and ship it to you immediately.
If you have any question or are interested in any product,
please feel free to contact us for detailed information. Once
we get your e-mail, we will reply to you immediately.

Yours sincerely,
Mike

- order detail: 주문 세부사항, 주문 상세 내용
- EMS fast shipping service: 국제특급우편(Express Mail Service) 빠른 배송 서비스
- make payment: 지불하다, 결제하다, 납부하다
- detailed information: 상세한 정보, 세부 정보
- reply to: ~에 답하다, ~에 응하다

해석

보낸 사람: 마이크
받는 사람: 애니
제목: 주문 감사

친애하는 애니 님,
저희 휴대용 헤어드라이어를 주문해 주셔서 대단히 감사합니다.
세부 주문 정보는 다음과 같습니다.

▷ 품목: 헤어드라이어 20세트
▷ 가격(배송비 포함): $2,200
▷ 배송 서비스: EMS 빠른 배송 서비스

이상이 있는지 확인해 주세요. 위의 내용이 모두 맞는다면 지금 결제하실 수 있습니다. 그러면 창고 직원이 주문 상품을 포장하여 즉시 배송해 드립니다.
궁금한 사항이 있거나 제품에 관심이 있으시면 언제든지 저희에게 연락해주시기를 바랍니다. 이메일을 받는 즉시 자세한 정보를 알려드리겠습니다.

당신의 신실한,
마이크 올림

업무 협력 요청

신상품 개발, 업무 프로세스 개선 등 새로운 프로젝트를 수행할 때는 경험과 지식이 풍부하고 성과가 높은 전문 회사와의 협력이 절실히 필요할 때가 있습니다.

프로젝트를 진행하기 전에 상대방과의 일정, 예산, 마감 기한 등에 대해 구체적인 협의가 필요하므로 담당자들이 수시로 만나서 회의하고 좋은 아이디어를 도출하는 등 철저한 준비가 필요합니다.

다음의 예문은 메일 발송 이유, 협력 목적 설명, 상대방 칭찬, 참여 부탁, 회신 요청, 끝인사 순으로 구성되어 있습니다.

From: Stanley
To: Nixon
Subject: Invitation to Cooperate on the Research Project

Dear Mr. Nixon
I'm writing to invite you to cooperate with us on the research project.
As you might know, our company has been determined to carry out extensive research on renewable energy development in the coming year. It's expected that the outcome of the research project will bring great profits.
We know that you have devoted much time and energy to this field, and achieved considerable accomplishments.
May I venture to invite you to join us in the research project? I'm sure we will reap the fruits of cooperation in the near future.
Your reply at your earliest convenience would be greatly appreciated.

Yours sincerely,
Stanley

- cooperate with: ~와 협력하다, ~와 힘을 합치다
- in the coming year: 내년에, 새해에, 앞으로도
- considerable accomplishment: 상당한 성과, 업적, 공적
- venture to: 감히 ~하다
- at one's earliest convenience: 가급적 빨리, 기회 있는 대로

보낸 사람: 스탠리

수신인: 닉슨

제목: 연구과제 협력 초청

친애하는 닉슨 님,

연구 프로젝트에 협조해주시기를 요청하려고 이 편지를 씁니다.

아시다시피, 저희 회사는 내년에 재생 에너지 개발에 대한 광범위한 연구를 수행하기로 결정했습니다. 그 연구 프로젝트의 결과가 큰 이익을 가져올 것으로 기대합니다.

저희는 귀사가 이 분야에 많은 시간과 정력을 쏟아왔고 상당한 성과를 거뒀다는 것을 알고 있습니다.

저희가 귀사를 연구 프로젝트에 부탁드려도 될까요? 저희는 우리가 가까운 미래에 협력의 결실을 거둘 것이라고 확신합니다.

가능한 한 빨리 회답해 주시면 대단히 감사하겠습니다.

당신의 신실한,

스탠리 올림

회의 일정 잡기

국제화 시대의 직장인은 아무리 바쁘더라도 회의 등의 업무 일정을 잡을 때 상대방의 입장을 최대한 배려하면서 협의해 나가고 있습니다.

요즘은 직접 만나서 얘기하거나 전화로 통화하기보다는 이메일로 약속을 잡는 경향이 많아서 상대방의 일정을 고려해 주는 태도가 매우 중요합니다.

이메일로 회의 일정을 협의할 때 간단한 인사, 약속의 목적 설명, 상대방의 편한 시간 묻기, 나의 선호 시간 및 장소 언급, 답장 요청 순으로 이메일을 구성하면 좋습니다.

From: jsm@joco.co.kr
To: smith1@abc.com
Subject: Scheduling a Meeting

Dear Mr. Smith,
This is Ssaem Jo from the marketing department at Joco Korea. I hope all is well.
I would like to meet with you after this project is over.
I want to set up a time and place that is suitable for you. I am all right either this Tuesday morning or Thursday afternoon.
Let me know by tomorrow, so we can set up a meeting.
Thank you.

Kind reqards,
Ssaem Jo

- all is well: 모든 일이 잘되다, 모두 잘 지내다
- set up: 준비하다, 설립하다, 수립하다
- is suitable for: ~에 적합하다, 적당하다, 맞다

보낸사람: jsm@joco.co.kr
받는 사람: smith1@abc.com
제목: 회의 일정 잡기

친애하는 스미스 님,
조코코리아 마케팅팀 조쌤입니다. 모든 일이 잘되기를 바랍니다.
이 프로젝트가 끝나면 귀하를 만나고 싶습니다.
귀하에게 적합한 시간과 장소를 정하고자 합니다. 저는 이번 화요일 아침이나
목요일 오후가 좋습니다.
회의 일정을 잡을 수 있도록 내일까지 알려주셨으면 합니다.
고맙습니다.

안부를 전하며,
조쌤 올림

설문 협조 감사

회사는 이익을 증대하기 위한 조직이므로 신제품 홍보, 기존 제품 피드백, 시장조사 등 다양한 목적으로 고객에게 의견을 구하기 위해 온라인이든 오프라인이든 설문조사를 실시합니다.

설문조사는 미리 구조화되어 있는 설문지나 면접 등을 사용하여 많은 사람에게 특정 사항에 대한 의견을 묻고 답을 구하는 활동입니다.

(Questionaire survey: an activity in which many people are asked a question or a series of questions in order to gather information about what most people do or think about something.)

예전에는 종이에 인쇄된 설문지를 주로 사용하였으나 요즘은 인터넷과 스마트폰 등을 통한 설문조사가 주를 이루고 있습니다.

설문조사는 항목선택형(객관식), 텍스트형(주관식), 평가형(별점식) 등 다양한 방법으로 실시합니다.

설문지는 엑셀 등 전산 도구를 활용하여 작성해 두면 자료 입력, 분석, 결과 도출 등에 이르기까지 별도의 시간과 노력을 기울이지 않아도 쉽게 처리할 수 있습니다.

다음 예문은 회사가 상품 판매 부진으로 인한 문제를 해결하고자 설문조사를 실시했는데 이에 응답한 고객에게 감사를 표현할 때 사용하는 영어 표현입니다.

From: Adam
To: Bruce
Subject: Thanks for Your Cooperation

Dear Sir Bruce,

I'm writing to express my appreciation for your kind cooperation. Unfortunately, none of our goods sell well this year. So we asked you to fill in a questionnaire because there was no solutions in our company. We hoped you could come up with some advice.

Thanks a lot for filling out this questionnaire. We have found the problems of our goods and reformed them timely since you responded to our questionnaire. Now, to some extent, the business achievement of our company has got improved. Thank you so much again, and we would like to return your favor if there is a need.

Yours sincerely,
Adam

- fill in: ~을 작성하다 (=fill out), 기입하다, 메우다
- come up with: ~을 찾아내다, 고안하다, 제시하다
- respond to questionnaire: 설문에 응하다, 답하다
- to some extent: 어느 정도로 (=to a certain degree)
- business achievement: 사업 업적, 사업 성과
- get improved: ~이 향상되다, 좋아지다 (=get better)
- return one's favor: ~의 호의에 답하다, 은혜를 갚다

해석

보낸 사람: 아담

수신인: 브루스

제목: 협조 감사

친애하는 브루스 님,

귀하의 친절한 협조에 감사를 표하기 위해 이 편지를 씁니다. 안타깝게도 올해는 저희 상품이 잘 팔리지 않습니다. 그래서 저희 회사에는 해결 방법이 없기에 설문지를 작성해 달라고 부탁드렸던 것입니다. 저희는 귀하가 조언해주시길 바랐어요.

이 설문지를 작성해 주셔서 감사합니다. 귀하가 저희 설문지에 응답한 이후 상품의 문제점을 발견했고 시기적절하게 그것을 개선했습니다. 이제 저희 회사의 사업 성과는 어느 정도 향상되었습니다.

다시 한번 감사드리며 필요한 것이 있다면 꼭 보답하고 싶습니다.

당신의 신실한,

아담 올림

13 협력 감사

오늘날 기업은 국내외적으로 극심한 경쟁 속에서 그야말로 살아남기 위해 온갖 노력을 다하고 있습니다.

지속가능한 기업, 성장 유망한 기업을 만들기 위해 다른 회사와 전략적 제휴를 맺거나 합작투자를 추진하는 등 효율적 경영 방식을 도입하여 수익 성장을 도모하고 있습니다.

경영혁신(Management innovation)은 제품이나 서비스, 생산공정 기술, 사업 구조나 관리 시스템, 조직구성원 등을 변화시키는 새로운 계획이나 프로그램을 의도적으로 실행함으로써 기업의 중요한 부분을 본질적으로 변화시키는 것을 말합니다.

(A management innovation can be defined as a marked departure from traditional management principles, processes, and practices or a departure from customary organizational forms that significantly alters the way the work of management is performed, by Gary Hamel.)

그런 의미에서 기업은 급변하는 시장 환경에 즉각적으로 대응할 수 있는 경영 혁신 체계를 구축할 필요가 있습니다.

다음 예문은 수출회사가 매매 계약을 체결한 후 매출 성과를 올린 수입회사에게 협력에 대한 감사 표시를 할 때 사용하는 영어 표현입니다.

From: Benjamin
To: Bob
Subject: Thanks for Your Cooperation

Dear Bob,

I'm writing to express my appreciation for your close co-operation with us. Though this is the first time that we do business together, both of us gain good revenues.

I'm glad that you've paid attention to our products and you are satisfied with them. We have a rewarding year based on our cooperation, and we gain good reputation from customers.

So taking this good opportunity, we are going to expand the fields of our production in the next season. That is to say, we sincerely hope to enlarge our business in this industry. I believe this is a chance for our co-prosperity, and I expect our further cooperation.

Thanks again for your cooperation, and I hope you can take my proposal into consideration. I'm looking forward to your early reply.

Yours Sincerely,
Benjamin

- close cooperation: 긴밀한 협력 (=intimate collaboration)
- good revenues: 괜찮은 수입, 매출
- pay attention to: ~에 관심을 갖다 (=get interested in)
- a rewarding year: 유익한 해 (=a profitable year)
- take good opportunity: 좋은 기회를 활용하다
- further cooperation: 더 많은 협력, 계속적인 협력
- take into consideration: ~을 고려하다, ~을 참작하다

보낸 사람: 벤자민
받는 사람: 밥
제목: 협력 감사

친애하는 밥 님,

저희와의 긴밀한 협력에 감사의 뜻을 표하기 위해 이 편지를 씁니다. 함께 사업을 하는 것은 이번이 처음이지만 우리 둘 다 좋은 수익을 얻고 있습니다.

귀사가 저희 제품에 관심을 갖고 만족해하셔서서 다행입니다. 우리는 협력 관계를 바탕으로 보람 있는 한 해를 보내고 있으며, 고객들로부터 좋은 평판을 얻고 있습니다.

이러한 좋은 기회를 이용하여 다음 시즌에는 생산 분야를 확대할 예정입니다. 즉 저희는 이 업계에서 진심으로 사업 확장을 희망하고 있습니다. 이것이 우리의 상생을 위한 기회라고 믿고 있으며, 앞으로 더 많은 협력을 기대합니다.

귀하의 협조에 다시 한번 감사드리며, 제 제안을 고려해 주시길 바랍니다. 당신의 빠른 답변을 기다리겠습니다.

당신의 신실한,
벤자민 올림

파티 초대

　승진은 현재 담당하고 있는 직무보다 책임과 권한이 한층 무거운 상위의 직위로 이동하는 일을 말하는데, 호봉 승급이나 수평 이동과는 완전히 다른 의미라고 할 수 있습니다.

　일반적으로 회사는 구성원이 개별 조직 내에 주어진 과제를 효율적으로 수행하여 전체 조직의 성과에 긍정적 영향을 미쳤을 때 해당 구성원에게 승진 혜택을 제공합니다.

　직장생활에서 승진은 우리에게 큰 보람과 기쁨을 선사합니다. 직장인은 보통 승진의 기쁨을 함께 나누기 위해 직장 동료나 친구들을 초대해 즐거운 시간을 보내곤 합니다.

　언제나 그렇듯 직장인은 주어진 일을 제대로 완수하여 승진과 보너스, 승급 등 많은 혜택을 받는 날이 오길 기대하고 있습니다.

　다음 예문은 회사의 구성원이 팀장으로 승진하여 거래처 직원을 파티에 초대할 때 사용하는 영어 표현입니다.

From: Chul Kim
To: John Smith
Subject: Invitation to a Party

Dear Smith,

Thanks so much for your letter of congratulation on my promotion. It was really a little beyond my expectations that I could get promoted in such a short time. Our branch manager said that my performance had been the best in the company during the second half year and that I deserved the promotion. Anyway, I will continue to dedicate myself to work and undertake the responsibilities of team leader.

My family is going to hold a celebration party at K restaurant for me on Saturday, January 22nd. We would be very pleased to have you here with us.

I'm looking forward to your affirmative reply very soon.

Yours sincerely,
Chul Kim

- beyond one's expectations: 예상하지 못한
- second half year: 하반기(cf. first half year, 상반기)
- dedicate oneself to: ~에 헌신하다
- have one here with: 누가 ~와 함께하다
- affirmative reply: 긍정적 답변

해석

보낸사람: 김철
받는 사람: 존 스미스
제목: 파티 초대

친애하는 스미스 님,
제 승진을 축하하는 편지를 보내주셔서 정말 감사합니다. 이렇게 짧은 시간에 승진할 수 있다는 게 정말 기대 이상이었습니다. 저희 부장님은 하반기에 제 실적이 회사에서 가장 좋았고 승진할 자격이 있다고 말씀하셨습니다. 저는 업무에 전념해서 최선을 다해 팀장의 책임을 수행할 것입니다.
저희 가족은 1월 22일 토요일에 저를 위해 K레스토랑에서 축하 파티를 열 예정입니다. 저희와 함께하시면 좋겠습니다.
곧 귀하의 긍정적인 답변을 기다리겠습니다.

당신의 신실한,
김철 올림

15 세미나 참석 초대

　우리는 급격한 산업의 변화 상황에 뒤처지지 않기 위해 온·오프라인 등 다양한 방법을 활용하여 최신 정보를 습득하기 위해 노력하고 있습니다.

　따라서 직장인은 정보의 홍수 속에서 원시 자료를 제대로 분석하고, 매출 증대 등 합리적인 해결 방안을 얻기 위해서라도 데이터 분석 기법을 학습할 필요가 있습니다.

　데이터 분석(Data analysis)이란 현재 일어나고 있는 어떤 문제에 대한 데이터 기반의 세밀한 이해, 즉 데이터를 기반으로 문제 발생 원인, 결과, 해결 방안을 찾는 것을 말합니다.

　데이터 분석은 기술통계, 추론통계, 머신러닝(Machine learning), 딥러닝(Deep learning) 등의 기법이 있습니다. 특히 머신러닝이나 딥러닝의 경우 대규모 데이터에 숨어있는 패턴을 발견하고 규칙을 도출하는 데 유용한 기법으로 알려져 있습니다.

　실무 담당자는 회사 업무에 맞는 데이터 분석 기법을 배워 분석 결과와 해석을 토대로 경영진이 프로세스 개선 등 문제에 대한 의사결정을 제대로 수행할 수 있도록 협력해야 합니다.

　다음 예문은 데이터 분석 방법을 주제로 개최하는 세미나에 마케팅 실무 담당자를 초대할 때 사용하는 영어 표현입니다.

From: Bruce Hanson
To: Victor Peters
Subject: Invitation to the Seminar

Dear Mr. Peters,
I'm writing to invite you to the seminar.
Data analysis method, needless to say, has been changing day by day. We should keep up with the latest skills at all times, in order not to fall behind.
As we already said, there will be a seminar on the latest skills in data analysis on March 25th. The seminar will last for five hours from one o'clock p.m. to six o'clock p.m. in the conference room A on the third floor of our company.
Please feel free to contact me if you have further inquiry.
We look forward to your participation in the seminar.

Sincerely yours,
Bruce Hanson

- invite A to B: A를 B에 초대하다, A에게 B를 해 달라고 요청하다
- needless to say: 말할 필요 없이, 말할 나위 없이, 보나 마나
- keep up with: ~에 뒤지지 않다, ~를 따라가다 (↔fall behind)
- feel free to: 마음대로 ~하다, 편히 ~하다, 부담 없이 ~하다
- further inquiry: 추가 문의, 추가 질문, 추가 조회

보낸 사람: 브루스 핸슨
받는 사람: 빅터 피터스
제목: 세미나 초대

친애하는 피터스 님,
귀하를 세미나에 초대하려고 편지를 씁니다.
데이터 분석 방식은 말할 것도 없이 하루가 다르게 변화하고 있습니다. 저희는
이에 뒤처지지 않기 위해 항상 최신 기법을 따라가야 합니다.
이미 말씀드렸듯이, 3월 25일에 데이터 분석의 최신 기법에 대한 세미나가 있습
니다. 세미나는 저희 회사 3층 A회의실에서 오후 1시부터 6시까지 5시간 동안
진행될 것입니다. 추가 문의 사항이 있으면 언제든지 연락해주시기를 바랍니다.
부디 귀하가 세미나에 참석하시기를 고대하겠습니다.

당신의 신실한,
브루스 핸슨 올림

16　해외 연수 신청

　어느 회사나 임직원 연수, 교육, 훈련 프로그램은 조직의 발전과 개인의 성장을 위해 가장 필요한 업무 중의 하나입니다. 요즘 코로나19 긴급 상황에서는 해외 연수를 운영하기 어렵습니다만 앞으로 모든 경영 활동이 정상화되면 회사 임직원이 해외 연수 프로그램에 참여할 수 있기를 바랍니다.

　필자도, 미국발 금융 위기 당시 캘리포니아 지역 사회기반시설(SOC) 확충 현황 등을 견학하고자 해외 연수를 갈 예정이었으나 달러 대비 원화 환율 급등의 영향으로 아쉽게도 해당 연수 프로그램이 취소된 경험이 있습니다.

　해외 연수 프로그램은 보통 7일 이상 진행되는데, 일반적으로 동종업계의 모범이 되는 회사의 사업장에 방문하거나 세미나, 박람회, 전시회 등에 참석해서 시장 상황, 기술 수준, 경영 혁신 제도 등을 배웁니다.

　다음 예문은 수출회사에 근무하는 직원이 해외 연수를 신청할 때 사용하는 영어 표현입니다.

From: Judy Garcia
To: Evelyn Watson
Subject: Application for Overseas study

Dear MS. Watson,
I'm writing to inform you that I would like to apply for overseas training.
As a member of the production control department, I feel a great need to learn and update manner of inventory management from the foreign leading companies in the field.
The stereotyped business method cannot guarantee the greater achivements or development of our company. It's most necessary that we bring about renovation, so as to keep up with the times.
I hereby apply for overseas training. I promise to make every effort at the training, so that I can make greater contribution to the company in the future.
Your kind approval would be greatly appreciated.

Best regards,
Judy Garcia

- overseas training: 해외 연수 (=overseas study)
- leading company in the field: 업계 선도 회사
- inventory management: 재고 관리
- bring about renovation: 혁신을 불러일으키다
- keep up with the times: 시대에 발맞추다, 시류에 뒤떨어지지 않다

해석

보낸 사람: 주디 가르시아
받는 사람: 에블린 왓슨
제목: 해외연수 신청

친애하는 왓슨 님,
해외연수를 신청하고자 이 편지를 씁니다.
생산관리부서의 일원으로서 저는 그 분야의 해외 유수의 회사들로부터 재고 관리 방식을 배워 업데이트해야 할 필요성을 느낍니다.
고정화된 사업 방식은 저희 회사의 더 큰 성과나 발전을 보장할 수 없습니다. 시대에 발맞춰 혁신해 나가는 것이 가장 시급하다고 생각합니다.
이에 해외연수를 신청합니다. 앞으로 회사에 더 크게 기여할 수 있도록 연수에 최선을 다할 것을 약속드립니다.
이를 승인해 주시면 정말 감사하겠습니다.

안부를 전하며,
주디 가르시아 올림

출장비 정산 신청

무역회사에 근무하는 직원은 박람회, 전시회 등에 참가하거나 사업장 방문을 목적으로 해외 출장을 다녀온 후, 담당 부서에 출장비 정산을 신청합니다.

해외 출장비는 업무수행을 목적으로 주 근무지를 벗어나 해외에서 발생하는 비용을 말합니다. 이것은 세법상 여비 교통비 항목으로 비용 처리가 가능합니다.

여비에는 항공료, 숙박비, 식대, 철도승차권 등이 있으며, 교통비에는 택시요금, 버스비, 주차료, 통행료, 주유비 등이 있습니다.

세법상 해외 출장비 전액을 비용 처리하기 위해서는 신용카드 영수증, 세금계산서 등 적격 증빙 서류를 갖추어야 하지만 해외에서는 현실적으로 수취하기 어렵기 때문에 적격 증빙서류를 갖추지 않아도 전액 비용처리가 가능합니다.

따라서 해외 출장비의 경우 목적지와 업무 내용이 기재된 지출 결의서 또는 출장 결의서를 작성하고 해외 현지 영수증 등 실제 발생한 증빙자료를 첨부해 놓으면 출장비 지출 근거 자료로 충분합니다.

다음 예문은 직원이 업무수행 목적으로 해외 출장을 다녀와서 지출 비용 정산을 신청할 때 사용하는 영어 표현입니다.

From: Michael Jo
To: Harrison Nixon
Subject: Application for business trip costs settlement

Dear Nixon,

I'm writing to apply for settlement for the cost incurred in the business trip to San Francisco.

I, as well as team manager, was assigned to San Francisco on business, so as to win contract from a new customer. We stayed there for a fortnight.

The rule is that application for settlement for the costs of business trips should be made within three days of ruturn. During the two-week trip, we spent 6,000 dollars in total.

Attached, please find the detailed list of all the costs. Should you have further inquiry, please feel free to contact me.

Yours truly,
Michael Jo

- apply for settlement: ~을 신청하다, ~에 지원하다
- business trip: 출장, 비즈니스 여행
- be assigned to: ~에 파견되다, ~에 배정되다
- the rule is that ~: 규정에 따르면
- attached: 첨부된, 부착된, ~ 소속의
- further inquiry: 추가 문의, 추가 조사
- feel free to: ~을 마음대로 하다, 자유롭게 하다

보낸 사람: 마이클 조
받는 사람: 해리슨 닉슨
제목: 출장비 정산 신청

친애하는 닉슨 님,
샌프란시스코 출장에 따른 비용 정산을 신청하고자 메일 드립니다.
팀장과 저는 새로운 고객과의 계약을 따내기 위해 샌프란시스코로 출장 갔으며
그곳에서 2주 동안 머물렀습니다.
출장비 정산 신청은 귀국 후 3일 이내에 하는 것이 원칙입니다. 저희는 2주간의
여행 동안 총 6,000달러를 지출했습니다.
모든 비용에 대한 자세한 목록을 첨부해드립니다. 추가 문의 사항이 있으면 언
제든지 연락해주시기를 바랍니다.

당신의 진실한,
마이클 조 올림

수상 축하

대부분의 회사는 조직의 생산성 향상과 직장 문화 개선을 위해 온·오프라인 등으로 다양한 업무 제안 제도를 운용하고 있습니다.

예를 들어 논문 현상 콘테스트, 신제품 개발 공모전, 업무 개선 토론회, 판매촉진 방안 발표회 등 다양한 행사들은 회사의 운영 목적에 맞는 상시적인 업무가 되어가고 있습니다.

필자도 직장에서 실시하는 아이디어 제안이나 논문 현상 공모전에 참여해서 다수 수상한 경험이 있으며, 결국 회사의 업무절차 개선을 통한 조직 발전에 기여한 바 있습니다.

회사 실무자는 바쁜 업무에도 불구하고 독서, 외국어 학습, 온·오프라인 강의 수강과 같은 자기 개발을 통해 전문지식을 습득할 기회를 얻는다면 조직의 생산성 향상에 기여하고 자기만족에도 도달할 수 있습니다.

다음 예문은 회사의 업무 제안 공모전에서 수상한 직원을 축하할 때 사용하는 영어 표현입니다.

From: Howard Jo
To: Alan Kim
Subject: Congratulations on Winning the Award

Dear Kim,

Congratulations on your prize! I am very glad to hear that you got grand award in the business proposal contest this year. We are proud of you for your talent and enthusiasm in household appliances design. Even though you were very busy with your own work, you have had greater achievement than others.

Now I recognize that self-development is the best teacher. It has proved worthwhile to continue to improve our business process. You realized your value on it and also got great satisfaction from it.

I hope you can keep in mind the goal you have always had in the days to come. And I hope our company will create an efficient work environment through continuous improvement of work procedures.

Congratulations on your valuable prize!

Yours sincerely,
Howard Jo

- business proposal contest: 업무 제안 공모전 (=task proposal contest)
- household appliances: 가전제품, 가정용품 (=home appliances)
- self-development: 자기 개발, 자기 발전, 자기 능력 개발
- worthwhile to: ~하는데 가치가 있는, 보람이 있는
- in the days to come: 미래에, 장래에 (↔in days gone by)

해석

보낸 사람: 하워드 조
받는 사람: 김 앨런
제목: 수상 축하

친애하는 김 군,

수상을 축하드립니다! 올해 사업 제안 공모에서 대상을 받으셨다니 정말 기쁩니다. 가전 제품 디자인에 대한 귀하의 재능과 열정이 자랑스럽습니다. 자신의 일로 매우 바빴지만 다른 사람들보다 더 큰 성취를 이루었습니다.

이제 자기 개발이 최고의 스승임을 알게 되었습니다. 비즈니스 업무 절차를 지속해서 개선하는 것은 가치 있는 것입니다. 귀하는 그것의 가치를 깨달았고 또한 큰 만족을 얻었습니다.

앞으로도 항상 가졌던 목표를 명심하시길 바랍니다. 그리고 우리 회사가 지속적인 업무절차 개선을 통해 효율적인 업무 환경을 조성해 나가길 바랍니다.

귀중한 상을 받으신 것을 축하드립니다!

진심으로,
하워드 조

2021년 10월 중순경 한국의 코로나19 상황이 조금씩 진정돼 가고 있을 때 영업시간 제한 장기화로 생업에 어려움을 겪고 있는 자영업자, 소상공인의 피해를 덜어드리고자 우리 정부에서는 일부 생업 시설에 한하여 영업시간 제한을 완화했습니다.

그해 12월에 들어서 코로나19 상황이 심해짐에 따라 정부에서는 다시 방역 방침을 강화함으로써 안타깝게도 모든 국민 건강을 위해 생업 시설의 영업시간을 제한하게 되었습니다.

당시, 하루빨리 코로나19 상황이 해소되어 모든 국민이 정신적, 신체적, 경제적 고통에서 벗어나 일상생활이 정상 회복되었으면 하는 바람이었습니다.

다음 예문은 코로나19의 검은 구름이 걷혀 생업 시설의 정상 영업을 개시하려고 할 때 제한된 영업시간을 연장할 예정임을 고객에게 알리는 영어 표현입니다.

From: Il Cho
To: Peter Charlson
Subject: The Change of Business Hours

Dear Charlson,

I'm writing to inform you of the change of our business hours.

We decide to extend our business hours for another two hours with alleviation of business hours restrictions due to Covid-19. That is to say, our cafeteria will be extended from nine o'clock p.m. to eleven o'clock p.m.

We will provide a wide variety of food and drinks during the business hours. Besides, a 10% discount will be offered for all food and drinks after nine o'clock.

Thanks in advance for your attention.

Cordially yours,
Il Cho

- business hours: 영업 시간
- alleviation of business hours restrictions: 영업 시간 제한 완화
- a wide variety of: 다양한, 여러 종류의

해석

보낸 사람: 조일
받는 사람: 피터 찰슨
제목: 영업시간 변경

친애하는 찰슨 님,

영업시간 변경에 대해 알려드리고자 메일을 보냅니다.

코로나19로 인한 영업시간 제한이 완화되어 영업시간을 2시간 더 연장하기로 했습니다. 즉 저희 음식점은 저녁 9시부터 11시까지 연장됩니다.

영업시간 내에는 다양한 음식과 음료를 제공해 드립니다. 또한 9시 이후에는 모든 식음료에 대해 10% 할인을 해 드립니다.

관심을 가져주셔서 감사합니다.

당신의 진심어린,

조일 올림

부재 사항 공지

일반적으로 우리가 직장생활을 할 동안에는 기분 전환을 위해 휴가를 가거나 업무 출장 등으로 근무 장소를 일시적으로 떠나는 경우가 자주 일어나곤 합니다.

출장 등으로 거래처에 자신의 부재를 알려야 하는 경우에는 일을 대신 처리해 줄 직원을 소개하거나 연락할 수 있는 전화번호 등을 제공하는 것이 좋습니다. 특히 상대방에게 날짜나 기간을 정확히 전달해야 이후에 발생할 수 있는 착오를 최소화할 수 있습니다.

부재 알림을 이메일로 전달할 때는 부재 이유, 기간, 연락처, 부재중 대처 방안 등을 정중하고 자세히 설명해 준다면 거래처와 지속적인 관계 형성에 많은 도움이 될 것입니다.

또한 부재중으로 상대방에게 폐를 끼치는 데 대하여 양해를 구하고 상대방의 배려에 감사의 말씀을 전한다면 더 좋은 에티켓(Etiquette)이 되겠습니다.

다음 예문은 개인 사정 등으로 사무실에 나올 수 없어 거래처 직원에게 부재 사항을 공지할 때 사용하는 영어 표현입니다.

From: Jake Lee
To: Peterson Kim
Subject: Absence Notice

Dear Kim,

Due to a personal emergency, I will not be able to come to the office during the week starting April 25. If you need to contact me for an urgent matter, please call my colleague, Merry Jo at 02-321-2345. She will be filling in for me during my absence. I also be able to read and answer e-mail, so please don't hesitate to write to me if needed. I will be back on May 2nd.

Please accept my apologies for any inconvenience this may cause.

Yours sincerely,
Jake Lee

- personal emergency: 개인적인 긴급 사유, 개인적인 급한 일
- come to the office: 출근하다, 사무실에 나오다 (=get to work)
- starting 날짜: ~부터 (↔ending 날짜, ~까지)
- fill in for: ~ 대신 업무를 맡다, ~을 대신하다 (=replace)
- inconvenience this may cause: 이로 인해 생길 수 있는 불편함

보낸 사람: 제이크 리
받는 사람: 피터슨 김
제목: 부재 사항 공지

친애하는 김 군,
저는 4월 25일부터 일주일 동안 개인 사정으로 인해 사무실에 출근할 수 없습니다. 급한 일로 연락이 필요하시면 제 동료 메리 조에게 02-321-2345로 연락해주시기를 바랍니다. 제가 없는 동안 그녀가 대신할 것입니다. 저는 또한 이메일을 읽고 답장할 수 있으므로 필요하면 주저하지 마시고 저에게 메일을 보내주십시오. 5월 2일에 돌아오겠습니다.
이로 인해 불편하게 해서 죄송합니다.

당신의 신실한,
제이크 리 올림

가격 인상 요청

수출입회사 간에 거래 계약을 체결한 후에는 상호 신뢰를 기반으로 경영상의 최신 정보 등을 자주 교환해야만 지속적인 거래를 유지할 수 있습니다.

특히 가격 인상 등의 변경 요청은 수입회사 입장에서는 민감하고도 중요한 협의 사항이므로 정중한 표현을 사용하여 미리 설명하는 기회를 가질 필요가 있습니다.

다시 말하면 가격은 회사의 매출, 원가, 이익 등의 재무 상태에 큰 영향을 미치기 때문에 무역 거래에 있어 가격 변동은 매우 중요한 협의 대상임을 인식해야 합니다.

따라서 수출회사는 가격 인상, 재고 현황, 휴업 등 중요한 변동 사항이 발생할 때마다 수입회사에게 친절하고 상세히 설명하는 등 미리 합당한 이해를 구하는 노력을 기울여야 합니다.

다음 예문은 수출회사가 환율 변동으로 판매 가격 인상이 필요함을 수입회사에게 설명할 때 사용하는 영어 표현입니다.

From: Hanson
To: Holmes
Subject: Asking for increase in prices

I regret to inform you that there is a change in our prices.
As you know, the Korean won has fallen significantly against the US$ and we have suffered from a sharp increase in our production costs. I am aware that there would have to be a pro rata increase in prices if costs go up. Attached is our new price list effective April 5th, 2022. We hope that you understand our difficulties in keeping prices low.

Yours sincerely,
Hanson

- suffer from: ~에 어려움을 겪다, ~에 시달리다, ~에 고통받다
- sharp increase: 가파른 상승, 급격한 증가 (=rapid increase)
- pro rata: ~에 비례하는 (=proportionate)
- increase in prices: 가격 인상, 물가 상승
- effective: ~부터 유효한, 효력이 있는, 효과적인

보낸 사람: 핸슨
받는 사람: 홈즈
제목: 가격 인상 요청

가격 변동이 있음을 알려드리게 되어 유감입니다. 아시다시피 원/달러 환율이 큰 폭으로 상승하여 생산원가도 급등했습니다. 비용이 오르면 그에 비례하여 가격도 인상되어야 한다는 것을 알고 있습니다. 2022년 4월 5일부터 적용되는 새로운 가격 목록이 첨부되어 있습니다. 가격을 낮게 유지하는 데 어려움이 있음을 이해해주시기를 바랍니다.

당신의 신실한,
핸슨 올림

보증금 환불 요청

거래보증금이란 상품 매매 등의 거래와 관련하여 당사자 간의 안전한 거래를 보장하기 위해 구매자가 판매자에게 제공한 현금, 유가증권 등을 말합니다.

국제 상거래에서도 거래계약서 규정에 따라 계약금이나 선불금, 착수금 등의 명목으로 보증금을 지불하는 경우가 발생합니다.

따라서 판매자가 거래계약 조건을 이행하지 못할 경우에는 보증금을 구매자에게 반환하게 되어 있기 때문에 구매자는 주문품의 수령 일자, 품질 상태, 수량 등을 철저히 확인할 필요가 있습니다.

다음 예문은 판매자의 예기치 못한 사고로 주문품을 받지 못하는 경우 보증금 반환을 요청할 때 사용하는 영어 표현입니다.

예문

From: Charles
To: Kevin
Subject: A Demand of Refund

Dear Sir Kevin,
I'm writing to demand a refund on the deposit.
We placed an order with you for 500 sets of hairdryers on February 1st. 2,000 dollars was paid as a deposit on the following day at your request. However, contrary to all expectations, we were informed on February 5th that we wouldn't receive our orders because of your unexpected accidents.
According to the purchase contract, you should refund us the deposit in full in the circumstances. You are expected to refund us the money as soon as possible.
I'm looking forward to your reply at your earliest convenience.

Yours sincerely,
Charles

- a refund on the deposit: 보증금 반환, 보증금 환불
- place an order with A for B: A에게 B를 주문하다
- contrary to: ~에 반하여, ~와는 달리
- According to: ~에 따라, ~에 의하면, ~에 따르면
- at one's earliest convenience: 형편 닿는 대로, 되도록 일찍

보낸 사람: 찰스
받는 사람: 케빈
제목: 환불 요구

친애하는 Kevin 님,
보증금 환불을 요구하고자 메일을 보냅니다.
당사는 2월 1일, 귀사에 헤어드라이어 500세트를 주문했습니다. 귀사의 요청으로 다음 날 보증금으로 2,000달러를 지불했습니다. 하지만 당사는 2월 5일, 예상과 달리 귀사의 예상치 못한 사고로 인해 주문품을 받지 못할 것이라는 통지를 받았습니다.
구매 계약서에 따르면, 귀사는 그러한 상황에서 보증금 전액을 당사에 환불해야 합니다. 가능한 한 빨리 보증금을 환불해 주시면 좋겠습니다.
조속한 회신을 기대하겠습니다.

당신의 신실한,
찰스 올림

23 품질 문제 제기

계약은 법률 효과의 발생을 목적으로 당사자 간의 의사를 표시하는 행위, 즉 청약과 승낙이 합치해야만 성립하는 법률 행위입니다.

계약위반은 어느 일방 당사자가 계약조건대로 이행하지 않는 것을 말합니다. 채무불이행 등으로 피해를 본 계약의 당사자는 계약조건에 따라 손해배상청구권 또는 특정이행 명령을 요구하는 권리를 가집니다.

달리 말하면 거래 관계에서 특정 계약이 체결되어 있지 않으면 어느 한 당사자의 계약 불이행으로 인한 손해를 보상받을 방법이 없습니다.

따라서 구매자는 주문품의 품질 불량, 수량 부족, 납기 지연 등의 문제가 발생할 때는 계약 조항에 따라 판매회사에 불만을 제기해서 책임을 묻고 해결책을 제시하도록 요청해야 합니다.

다음 예문은 수입회사가 주문품의 품질 문제를 제기할 때 사용하는 영어 표현입니다.

From: Jenny
To: George
Subject: Complaint about Violating the Contract

Dear George,

I have to make a complaint about your infringement of the contract regarding the purchase order for hairdryers. The order goods arrived in our company yesterday afternoon. To our astonishment, these goods had quality problems, which was in breach of the related clause of the contract we signed on February 1st, 2022. According to it, we can refuse to purchase these goods for the purpose of protecting our rights.

Regarding the present situation, please bear responsibility for the quality problems and propose solutions. We also hope you can pay much more attention to your business practice and abide by the contract. I'm looking forward to hearing from you as soon as possible.

Yours sincerely,
Jenny

- make a complaint about: ~에 대해 불만(클레임)을 제기하다
- purchase order: 구매 주문(서), 구입 주문
- to one's astonishment: 놀랍게도 (=to one's amazement)
- in breach of: ~을 위반한, ~에 저촉되는, ~에 위배되는
- regarding: ~에 관해서, 관련하여 (=in regard to, concerning)
- bear responsibility for: ~에 대해 책임지다 (=account for)
- business practice: 회사 업무 (=business affairs)
- abide by: ~을 준수하다 (=comply with, observe)

보낸 사람: 제니
받는 사람: 조지
제목: 계약 위반에 대한 불만

친애하는 조지 님,
헤어드라이어 구매 주문에 관한 계약 위반에 대해 불만을 제기하려 합니다. 주문 상품이 어제 오후에 당사에 도착했습니다. 놀랍게도 이 상품에 품질 문제가 있어 2022년 2월 1일 체결한 계약 관련 조항을 위반한 것입니다. 계약에 따르면 당사는 당사의 권리를 보호하기 위해 이러한 상품의 구매를 거부할 수 있습니다.
현 상황과 관련하여 귀사는 품질 문제에 대한 책임을 지고 해결책을 제시해 주셨으면 합니다. 또한 귀사는 회사 업무에 더 많은 관심을 기울이고 계약을 준수할 수 있기를 바랍니다. 가능한 한 빨리 소식을 들을 수 있기를 기대하겠습니다.

당신의 신실한,
제니 올림

계약이행 불가 통지

상거래에서 계약은 공급, 대금결제 등 일정한 법률 효과를 목적으로 하는 당사자 간의 의사표시에 의한 법률행위를 말합니다.

판매회사가 제조회사와 상품 판매 계약을 체결한 후 계속된 거래 과정에서 구매한 상품의 품질에 하자가 발생하면 판매회사에 과연 어떤 영향을 미칠까요?

우선 고객 불만이 커지고 반품으로 이어지며 매출이 감소합니다. 또한, 판매회사의 평판 또는 신용이 낮아집니다. 마지막으로, 당사자 간 분쟁이 생겨 계약이 취소될 수 있습니다.

따라서 판매회사는 상품의 품질 등에 문제가 발생하였을 경우 제조회사에 즉시 통지하여 계약서 내용에 따라 이 문제에 대한 해결책을 제시하도록 요청해야 합니다. 제조회사가 이러한 제안을 받아들이지 않을 경우에는 거래 취소 등 강력한 대책을 강구해야 합니다.

다음 예문은 판매회사가 구매한 상품의 품질 문제로 해당 계약을 이행할 수 없음을 공급회사에게 통보할 때 사용하는 영어 표현입니다.

From: Frank
To: Jimmy
Subject: Unable to Fullfill the Contract

Dear Jimmy,

We are sorry to inform you that we can't continue to fulfill the contract owing to the quality problem of the goods you have provided.

We hear many complaints from customers that the goods they purchased don't work well, which is bad for our company's reputation. People are not willing to purchase goods from our company, not only the goods you have provided, but also some others as well.

Therefore, I hope you can take it seriously, and strengthen the regular inspection of your goods. In the case of the contract we have made, we want to cancel it for the problem mentioned above.

We're looking forward to your prompt reply and hope you can give us a solution to the problem.

Yours sincerely,
Frank

- fulfill the contract: 계약을 이행하다
- owing to: ~ 때문에 (=on account of, by virtue of, because of)
- not only A but also B: A뿐만 아니라 B도 (=B as well as A)
- in the case of: ~에 대해서, ~한 상황에서, ~의 경우에
- prompt reply: 빠른 회신, 신속한 답변 (=early reply)

보낸 사람: 프랭크
받는 사람: 지미
제목: 계약 이행 불가

친애하는 지미 님,
귀사가 제공한 상품의 품질 문제로 계약을 이행할 수 없음을 알려드리게 되어 유감입니다.
구매한 상품이 잘 작동하지 않아 고객들의 불만이 많고 당사의 평판이 좋지 않습니다. 사람들은 귀사가 제공한 상품뿐만 아니라 다른 상품들도 구매하려고 하지 않습니다.
그러므로 당사는 귀사가 그것을 진지하게 받아들이고 상품에 대한 정기 검사를 강화해 주시길 바랍니다. 우리가 맺은 계약의 경우, 위에 언급한 문제로 취소하고자 합니다.
당사는 귀사의 빠른 답변을 기대하며 그 문제에 대한 해결책을 줄 수 있기를 바랍니다.

당신의 신실한,
프랭크 올림

25 선적 지연 안내

불가항력이란 당사자가 통제하거나 저항할 수 없는 압도적인 힘을 의미하고, 영어로는 Act of God, 프랑스어로는 Force Majeure라고 표현합니다.

국제 상거래 계약에서는 지진, 태풍, 화재, 공장폐쇄, 전쟁, 파업 등 통제 불가능한 사건이 일어날 경우 당사자의 계약 이행을 면제해주는 조항을 두고 있습니다.

다시 말해 이러한 불가항력 조항은 수출회사든 수입회사든 계약이 체결된 상태에서는 예측할 수 없는 힘으로 계약 의무를 이행하지 못하는 경우 당사자의 법적 책임이 면제된다는 것을 의미합니다.

따라서 계약서에 불가항력 사건의 범위, 통지 의무, 사건 해결 방안 등을 구체적으로 명시해 놓아야 계약 불이행에서 발생하는 법적 책임에서 벗어날 수 있습니다.

다음 예문은 수출회사가 공장 화재로 인해 예정된 선적이 지연되는 상황을 수입회사에게 안내할 때 사용하는 영어 표현입니다.

From: Austin
To: Clark
Subject: Notice for shipping delay

Dear Mr. Clark,

We regret to inform you that our shipment will be delayed due to workplace fire. We received your irrevocable L/C in our favor a week before. Unfortunately, we didn't send your order immediately because of unexpected fire. I'm genuinely sorry for the inevitable delay. You can rest assured that we will ship your order as soon as stock goods are ready. Thanks in advance for your kind understanding.

Truly yours,
Austin

- regret to: 유감스럽게도 ~ 하다, ~하게 되어 유감이다
- due to: ~ 때문에, ~에 기인하는 (=because of)
- in one's favor: ~를 수익자로 하여, ~에게 유리하게
- rest assured: ~라고 믿어도 된다, 확신해도 된다 (=feel assured)
- in advance: 미리, 사전에, 선지급으로, 선불로

보낸 사람: 오스틴
받는 사람: 클락
제목: 선적 지연 안내

친애하는 클락 님,
작업장 화재로 인해 선적이 지연됨을 알려드리게 되어 유감입니다. 당사는 일주일 전에 귀사의 취소불능신용장을 받았습니다. 불행하게도, 당사는 예상치 못한 화재 때문에 귀사의 주문품을 즉시 보내지 못했습니다. 불가피하게 지연되어 진심으로 죄송합니다. 재고품이 준비되는 대로 주문품을 발송하겠으니 안심하셔도 됩니다. 귀사의 친절한 양해에 미리 감사드립니다.

당신의 진실한,
오스틴 올림

26 납품 재촉

   수입회사가 해외 거래처에 상품을 주문한 후 신용장(L/C)을 개설하고 원하는 기한에 상품 수령을 기대했는데 수출회사의 납품이 지연되는 경우 수입회사 입장에서는 이러한 문제에 어떻게 대응해야 할지 정말 당황하게 됩니다.

   국제 상거래에서 납품이 지연되는 문제가 왜 발생할까요? 이것은 기상 악화로 인한 선적 지연, 상품 재고 소진, 공장 화재로 인한 생산 차질 등 여러 가지 사정으로 납품이 지연되기도 합니다.

   이러한 납품 지연이 불가항력적 상황이 아니라면 수입회사는 메일이나 메신저 등을 활용하여 납품을 조속히 받을 수 있도록 수출회사에 요청해야 합니다.

   다음 예문은 수입회사가 원하는 기한에 주문품을 수령하지 못해 납품을 촉구하는 영어 표현입니다.

From: Gildong Hong
To: Bryson Holmes
Subject: Please Send Us the Goods ASAP

Dear Mr Holmes,

I'm writing to urge to send us the goods as soon as possible.

You must be well aware that we placed an order for your hair-dryers on December 1. We opened the irrevocable L/C in your favor on December 8, as per your request.

The sales contract specifies that you should ship our goods on receipt of payment. Barring accidents, these hairdryers should have been received. However, it is not the case.

I don't mean to rush you, but the fact of the matter is that there is a great need for these goods. We are going to run out of stock in a couple of days.

You are kindly requested to deliver the goods without delay.

Thanks in advance for your kind understanding.

Yours sincerely,
Gildong Hong

- ASAP: 가능한 한 곧, as soon as possible의 줄임말
- irrevocable L/C: 취소불능신용장
- as per one's request: ~의 요청대로
- sales contract: 매매계약(서), 판매계약(서)
- on receipt of payment: 대금을 받는 대로
- barring accidents: 사고가 아니라면, 사고가 없었다면
- run out of stock: 재고가 소진되다

보낸 사람: 홍길동
수신인: 브라이슨 홈즈
제목: 납품 재촉

친애하는 홈즈 님,
귀사에 납품을 재촉하기 위해 메일을 보냅니다.
당사가 12월 1일, 귀사의 헤어드라이어를 주문했다는 것을 귀사는 잘 알고 있을 것입니다. 당사는 귀사의 요구에 따라 12월 8일, 취소불능신용장을 개설했습니다.
판매 계약서에는 대금을 받는 즉시 상품을 선적해야 한다고 명시되어 있습니다. 사고가 없었으면 이 헤어드라이어를 받았어야 했지만 그렇지 않습니다.
재촉할 생각은 없지만, 사실 이 상품에 대한 수요가 큽니다. 며칠 안에 재고가 소진되기에 지체 없이 상품을 보내주시길 바랍니다.
당신의 친절한 이해에 미리 감사드립니다.

당신의 신실한,
홍길동 올림

대금 과다 청구

　일반적으로 구매자는 상품을 매입한 후 대금을 결제할 때 전액 현금 지급보다는 일부 현금 지급하거나 일정 기간 경과 후 대금을 전액 결제하는 조건, 즉 외상거래를 선호합니다.

　거래가 이루어진 후에도 즉시 대금을 지급하지 않고 해당 대금의 지급을 후일로 연기하는 것을 외상거래라고 합니다. 외상거래는 상품을 사는 편에서 보면 매입채무가 되므로 그 채무액이 외상매입금이고, 반대로 상품을 파는 편의 채권액은 외상매출금이 됩니다.

　다시 말하면 외상매입금은 제품이나 원자재를 살 때 현물을 받고서도 아직 그 대금을 치르지 않은 단기의 미지급금을 말합니다. 외상거래 금액의 비중은 기업 간 신용 수준에 따라 달라집니다.

　구매자는 상품 수령에 따른 계산서, 청구서 등의 대금결제 요청서를 판매자로부터 받을 때 외상 잔액, 할인조건, 제세금, 결제기일 등을 꼼꼼히 검토한 후 대금결제를 처리해야 합니다.

　다음 예문은 주문품 수령 후 계산서를 검토해 보니 금액이 과다 청구된 사실을 인지하고 정확한 계산서를 다시 요청할 때 사용하는 영어 표현입니다.

From: Jerry
To: David
Subject: Complaint about Overcharge Amount

Dear David,

I'm writing to inform you that we received your bill for our last order attached in your letter of December 20th, 2021. However, we were quite surprised at the overcharge, which does not match that of our last order.

Following the rule of fair dealing, we will not settle the payment until you send us the corrected bill. We hereby also notify that we are not going to be liable for any consequences caused by the late payment. We hope you can make a positive and prompt response to our complaint as soon as possible.

We are looking forward to receiving the corrected bill very soon.

Yours sincerely,
Jerry

- overcharge amount: 과다 청구 금액
- rule of fair dealing: 공정거래 규칙
- settle the payment: 대금을 치르다, 지불금을 정산하다
- be liable for: ~에 책임이 있다
- positive and prompt response: 긍정적, 즉각적 회신

보낸 사람: 제리

수신인: 데이비드

제목: 과다 청구금액에 대한 불만

친애하는 데이비드 님,

귀사의 2021년 12월 20일 자 편지에 첨부된 당사의 마지막 주문에 대한 청구서 수령을 알려드리기 위해 메일을 보냅니다. 하지만 지난번 주문과 일치하지 않는 과다 청구에 상당히 놀랐습니다.

공정한 거래의 원칙에 따라, 귀사가 당사에게 정정된 청구서를 보낼 때까지 지불하지 않을 것입니다. 또한 당사는 지불 지연으로 인한 어떠한 결과도 책임지지 않음을 이에 통지합니다. 귀사가 가능한 한 빨리 당사의 불만에 대해 긍정적이고 신속한 응답을 할 수 있기를 바랍니다.

당사는 되도록 빨리 정정된 청구서 수령을 기다리겠습니다.

당신의 신실한,

제리 올림

28 사후서비스 불만

　신상품을 구입하여 사용할 때 제품에 결함이 있거나 작동이 잘 안 돼 고장이 나면 고객 입장에서는 조금 안타깝기도 하고 불만이 생길 수밖에 없습니다.

　애프터서비스, 영어로 After-sales service(A/S)는 상품 판매를 효과적으로 하기 위한 사후 서비스, 즉 소비자에게 상품을 판매한 후에 점검, 부품 교환, 교육 프로그램 등의 서비스 제공을 목적으로 하고 있습니다.

　(After-sales service is the provision of inspection, spare parts, and training etc. after making an initial sale.)

　일반적으로 사후서비스는, 보증기간에는 무료 또는 할인 방식으로, 그 외의 기간에는 유료 서비스를 제공하고 있습니다.

　사실 고객 만족이 기업 경영의 우선적 원칙이므로 고객으로부터 불만 사항을 접수하면 사후관리팀 직원은 불만 사항을 상세히 파악하여 문제 해결에 신속히 대응해야 합니다. 그렇지 못할 경우 회사의 신용에 금이 가고 브랜드에 손상을 입히는 일이 발생할 수 있기 때문입니다.

　다음 예문은 얼마 전에 구입한 제품에 문제가 생겨 담당 직원에게 서비스를 요청할 때 사용하는 영어 표현입니다.

From: Amanda
To: After-sales Department
Subject: Complaint about Poor After-sales Service

Dear Sir

We bought a washing machine of your brand this January at K department store. However, I'm afraid that I have to complain about the bad after-sales service of your company.

Soon after we bought the washing machine, it couldn't function well as start button was out of order. From this problem, I asked your after-sales service staff for help, but no one has come over yet even though a week has passed since the request. It is your unkind attitude that makes your after-sales service poorly reviewed by your customers and damage your brand image.

Please reply soon and take further action.

Yours sincerely,
Amanda

- complain about: ~에 대해 불평하다, 불만을 제기하다
- function well: 기능을 잘하다, 잘 작동하다
- out of order: 고장 난, 정리가 안 된
- come over: ~로 건너오다, ~로 넘어오다
- take further action: 추가적인 조치를 취하다

보낸 사람: 아만다
받는 사람: 사후관리부
제목: 불량 사후서비스 불만

친애하는 담당자님,
저희는 올해 1월, K 백화점에서 귀사 브랜드인 세탁기를 구매했습니다. 하지만 유감스럽게도 귀사의 불량 사후서비스에 대한 불만을 제기해야 할 것 같습니다. 저희가 세탁기를 산 지 얼마 되지 않아 시동 버튼이 고장 나서 제대로 작동하지 않았습니다. 이 문제로 A/S 직원에게 도움을 요청했지만, 일주일이 지났는데도 아직 아무도 오지 않았습니다. 귀사의 불친절한 태도로 고객들로부터 사후서비스 평가를 제대로 못 받고 회사의 브랜드 이미지도 손상을 입었습니다.
빠른 회신과 함께 추가 조치를 취해주시기를 바랍니다.

당신의 신실한,
아만다 올림

29 송금 지연 사과

환율은 외국통화로 교환하는데 필요한 자국 돈의 가격을 말합니다. 마찬가지로 원·달러 환율은 미국 달러로 교환하는데 필요한 한국 돈의 가격 수준을 의미합니다.

외국환 거래에서 모든 외국 통화의 매개는 미국 달러(USD)이므로, 미국 외 국가의 환율을 정할 때는 미국 달러·원 환율로부터 해당 국가의 환율을 산정한 가격을 적용합니다.

외국 화폐(현찰)를 사고팔 때는 외국환중개회사가 고시하는 매매기준율과 환전수수료(스프레드)를 포함한 환율로 거래(환전)하기 때문에 은행 영업점에서보다는 온라인으로 거래하면 수수료를 절감할 수 있습니다.

수입회사는 일반적으로 물품 대금 지급을 위해 전신환매매율을 적용하여 해외 거래처에 돈을 송금합니다. 전신환매매율은 현찰이 아닌 전신으로 행해지기 때문에 현찰을 사고팔 때보다 거래 조건이 유리합니다.

다음 예문은 수입회사가 해외 거래처에 결제일까지 물품 대금 송금이 어렵다는 것을 통지할 때 사용하는 영어 표현입니다.

From: Anthony Jo
To: Mike White
Subject: Apology for the Delay of Remittance

Dear Sir White

We are sorry that we have to delay the remittance. We hope you can forgive us for the inconvenience that we brought to you.

We well received the goods in good condition yesterday. Unfortunately, we were informed by bank clerks that there was a fault with the banking system when we were going to tranfer the money. The staff said that two days at least would be taken to repair the banking system. We told them that it was urgent, and gave them our contact number.

We will transfer the money as soon as the system is fixed. Please accept our sincere apology and wait.

Yours faithfully,
Anthony Jo

- delay of remittance: 송금지연
- bring to: ~로 가지고 오다, ~에게 야기하다
- in good condition: 좋은 상태인, 잘 보존된
- banking system: 은행 시스템, 금융 제도
- contact number: 연락처, 전화번호
- sincere apology: 진심 어린 사과, 진정한 사과

해석

보낸 사람: 앤서니 조
받는 사람: 마이크 화이트
제목: 송금 지연 사과

친애하는 화이트 님,
송금을 늦춰야 해서 죄송합니다. 귀사에 준 불편을 용서해 주시길 바랍니다.
당사는 어제 물건을 좋은 상태로 잘 받았습니다. 불행하게도 당사는 송금할 때
은행원으로부터 은행 시스템에 문제가 있다는 연락을 받았습니다. 직원은 은행
시스템을 개선하는 데 적어도 이틀은 걸릴 것이라고 합니다. 당사는 그들에게
급한 일이라고 말하고 저희 연락처를 알려주었습니다.
당사는 시스템이 고쳐지는 대로 돈을 송금할 것입니다. 당사의 진심 어린 사과
를 받아 주시고 기다려 주시길 바랍니다.

당신의 충실한,
앤서니 조 올림

상품 훼손 사과

수출회사로부터 배송된 주문품이 파손된 상태라고 하면 수입회사로서는 큰 불만이 생길 수 있습니다.

수입회사로서는 주문품을 원하는 때에 고객에게 판매하지 못하면 손실을 보는 입장이기 때문에 물품의 파손, 하자 등에 대하여 중대한 클레임을 제기할 수밖에 없습니다.

따라서 수출회사는 주문품의 파손이나 운송 지연 등의 문제에 대한 해결 방법으로 보험에 가입하는 등 손실 최소화를 위한 만반의 준비를 하고 있습니다.

수출회사는 수입회사로부터 클레임이 제기될 때는 즉시 사과 인사뿐만 아니라 문제 원인을 파악하여 해결책을 제시하는 등 관계 회복에 최선의 노력을 기울여야 합니다.

다음 예문은 수출회사가 수입회사로부터 배송된 주문품의 파손 소식을 듣고 사과 메시지를 보낼 때 사용하는 영어 표현입니다.

From: Yong Kim
To: Andrew
Subject: Apology for Damaging Goods

Dear Sir Andrew,
We well have received your e-mail. We are sorry for having damaged the products you ordered.
What you ordered from our company is made of glass. I did remind the delivery company to be careful, but they were still careless enough to cause the damage.
Fortunately, we had taken out insurance for the shipment. We will negotiate with the company for the matter. We will handle the thing as soon as possible and arrange shipment again.
Please accept our sincere apology. If there is any other problem, please contact us.

Yours sincerely,
Yong Kim

- defective goods: 불량품, 결함이 있는 물품
- cause damage: 손해를 끼치다
- take out insurance for: ~에 대한 보험을 들다

보낸 사람: 김용

받는 사람: 앤드류

제목: 상품 훼손 사과

친애하는 앤드류 님,

귀하의 이메일을 잘 받았습니다. 주문하신 제품에 손상을 드려 죄송합니다.

귀사가 당사에 주문하신 물품은 유리이므로 운송회사에 주의하라고 알려주었음에도 부주의해서 피해를 주었습니다.

다행히 당사는 선적에 대한 보험에 가입했고, 그 문제에 대해 회사와 협의할 것입니다. 최대한 이른 시일 내에 처리하여 선적을 준비하겠습니다.

진심 어린 사과를 받아 주시고, 다른 문제가 있는 경우 당사에 문의해주시기를 바랍니다.

당신의 신실한,

김용 올림

계약 위반 통지

31

계약은 법률 효과의 발생을 목적으로 당사자 간의 의사를 표시하는 행위, 즉 당사자 간의 권리와 의무에 대하여 문서로 약속한 법률 행위입니다.

계약위반은 어느 일방 당사자가 계약조건대로 이행하지 않는 것을 말합니다. 따라서 채무불이행(Default) 등으로 피해를 본 당사자는 계약조건에 따라 손해배상청구권(Claim for damages) 또는 특정이행 명령(Decree of specific performance)을 요구하는 권리를 가집니다.

실제 계약 상황에서 피해를 본 당사자는 의무를 이행하지 못한 상대방에게 법적으로 계약 이행을 청구해야 할 일이 자주 발생합니다. 이러한 계약 이행을 청구하는 방법으로는 이메일 등으로 불이행 사실을 통지하여 해결책을 요구하거나, 내용증명을 보낸 후 정식으로 손해배상 소송을 제기하기도 합니다.

특히 이메일 통지를 통한 이행 청구는 상대방의 의무 이행을 강제할 수 있는 수단은 아닐지라도 당사자 간의 지속 가능한 거래를 유지하기 위해 유용하게 활용할 수 있는 방법입니다.

다음 예문은 구매회사가 주문품의 수량 부족을 이유로 불만을 제기하고 해결책을 요구할 때 사용하는 영어 표현입니다.

From: Bruce
To: Andrew
Subject: Notice about Violating the Contract

Dear Andrew,

We are disappointed to find that you have not abided by the contract which we signed on February 25th, 2022. As the contract specifies, you should have shipped us five hundreds of hairdryers. Unfortunately, we only received four hundred and fifty pieces yesterday. What's worse, they were not the types we had ordered. This made us very upset.

Attached are the pictures of hairdryers we received yesterday and the copy of the contract of purchase for your reference. We sincerely recommend that you take the responsibility and give us a reasonable solutions.

Yours truly,
Bruce

- be disappointed to: ~해서 실망이다, 섭섭하다, 서운하다
- abide by: 준수하다, 따르다 (=comply with, observe)
- what's worse: 설상가상으로, 더 안 좋은 것은 (=what's more)
- for one's reference: ~가 참고하도록, ~에게 참고로
- a reasonable solution: 합당한 해결책 (=rational solution)

보낸 사람: 브루스
수신인: 앤두루
제목: 계약 위반 통지

친애하는 앤두루 님,
당사는 귀사가 2022년 2월 25일에 체결한 계약을 준수하지 않아 실망했습니다. 계약서에 명시된 대로 귀사는 500개의 헤어드라이어를 선적했어야 합니다. 불행하게도 당사는 어제 450개밖에 받지 못했습니다. 더 안 좋은 것은, 그것들이 당사가 주문한 종류가 아니어서 매우 화납니다.
어제 받은 헤어드라이어 사진과 구매계약서 사본을 첨부하니 참고하시기 바랍니다. 귀사는 책임지고 합리적인 해결책을 제시해주시기를 진심으로 권고합니다.

당신의 진실한,
브루스 올림

납품 수량 착오 사과

인간관계에서 사과(Apology)는 피해를 입은 상대방에게 자신의 잘못을 인정하고 용서나 이해를 구하는 의사 표현(a statement saying that you are sorry about something)을 말합니다.

비즈니스 관계에서는 계약 내용을 위반한 당사자는 손해를 입은 상대방에게 정중히 사과해야 할 뿐만 아니라 보상책 등을 제시해야 하는 경우가 많습니다.

예를 들어 수입회사로부터 주문품의 수량이 부족하다는 서신을 받았을 경우, 수출회사 담당자는 수량이 부족한 원인을 신속히 파악해서 수입회사의 요구사항을 해결하는 데 최선의 노력을 기울여야 합니다.

당사자 간의 사과 행위는 포장 불완전, 납품 지연, 운송 지연, 제품 하자, 대금결제 지연 등 다양한 원인으로 발생합니다.

클레임에 대한 사과문은 발생 원인, 해결 방안, 재발 방지 약속 등의 순서로 작성하면 피해를 본 당사자의 양해를 얻는 데 큰 도움이 됩니다.

다음 예문은 수출회사가 수입회사로부터 주문품의 수량이 부족하다는 서신을 받은 경우 이에 대한 사과문을 보낼 때 사용하는 영어 표현입니다.

From: Clark John
To: Mark Andrew
Subject: Apology for Error in Quantity

Dear Andrew,

Please allow me to use this opportunity to make a sincere apology for the error in quantity of hairdryers we sent in the last shipment. The rest of hairdryers have been all packed up and will be delivered right away. They will reach you safely in one week.

I have recognized that our mistake must have caused you much inconvenience. Hereby I sincerely apologize for our carelessness. And we will do our best to ensure that this won't happen again.

Thanks very much for your understanding and patience. It will be much appreciated if you can give us a chance to make up for it. Please do not hesitate to contact us if you need any further assistance.

Yours cordially,
Clark John

- use this opportunity to: 이번 기회에 ~ 하다
- send in the shipment: 선적해서 보내다, 배송물을 보내다
- apologize for: ~에 대해 사과하다, 용서를 구하다
- to ensure that: 확실히 ~하다, 분명히 ~하다
- make up for: ~에 대해 보상하다, 보완하다
- further assistance: 추가 지원, 그 이상의 도움, 추가 정보

해석

보낸 사람: 클라크 존
받는 사람: 마크 앤드루
제목: 수량 오류에 대한 사과

Andrew에게,

지난번 선적한 헤어드라이어 수량에 착오가 있었던 점 진심으로 사과드리겠습니다. 나머지 헤어드라이어는 모두 포장되어 바로 배송될 예정입니다. 그것들은 일주일 내 귀사에 안전하게 도착할 것입니다.

저희의 실수가 귀사에 많은 불편을 끼쳤음을 알고 있습니다. 저희의 부주의에 대해 진심으로 사과드리며, 다시는 이런 일이 없도록 최선을 다하겠습니다. 귀하의 이해와 인내에 매우 감사드리며, 저희가 보상할 수 있는 기회를 주시면 좋겠습니다. 도움이 필요할 경우 주저하지 마시고 연락해주시기를 바랍니다.

당신의 신실한,
클라크 존 올림

33 전직 알림

최근 우리는 평생직장을 보장받을 수 없을 정도로 산업 구조의 급격한 변화가 일어나고 있어 고용 상황이 매우 불안정한 시대에 살고 있습니다. 그렇기 때문에 직장생활을 하면서 자신의 업무 능력과 태도, 적성 등을 최대한 이용하여 놀라운 업무 성과를 내지 않으면 살아남기 어렵습니다.

또한 근무처를 옮기는 경우 이전의 성과와 평판이 중요한 평가 요소이므로 평소 직장생활에서 정성을 다해 업무를 수행해야 합니다.

정든 직장을 떠날 때는 직장 상사나 동료에게 퇴사 소식을 미리 알려야 할 뿐만 아니라 꼼꼼한 업무 인수인계, 필요 서류 사전 요청, 담당자 변경 공지 등 아름다운 퇴사가 되도록 관심을 기울이면 좋겠습니다.

다른 회사에서 일하고 싶을 때는 일의 목적, 계획 등을 충분히 생각한 후에 도전한다면 새로운 직장에서 자신의 목표를 이룰 수 있습니다.

다음 예문은 정든 직장을 떠나 다른 회사에서 일하게 될 경우 이전의 거래처 직원에게 감사 메일을 보낼 때 사용하는 영어 표현입니다.

From: Oliver Cohen
To: Daniel Kane
Subject: Job Change

Dear Mr. Kane,

I'm writing to inform you that I handed in my resignation yesterday afternoon.

I have worked in the company for about 15 years since graduation from college with a bachelor's degree in international trade course. I cherish the memories of time we worked together and feel deep appreciation to you for all your kind help.

However, I finally make the difficult decision to leave the company. To be honest, I have accepted the offer of Topone corporation. I will become a competent executive there in three days, looking forward to the greater challenge of my new job. Please feel free to contact me whenever it's convenient for you.

Yours sincerely,
Oliver Cohen

- hand in: 제출하다 (=submit), 인계하다, 건네주다 (=send in)
- deep appreciation: 진심 어린 감사 (=great gratitude)
- to be honest: 솔직히 말하자면 (=to tell the truth, frankly speaking)
- feel free to: 마음대로 ~하다, 거리낌 없이 ~하다
- be convenient for: ~하기에 편리하다 (=be easy to)

해석

보낸 사람: 올리버 코헨
수신인: 다니엘 케인
제목: 업무 변동

친애하는 케인 님,
어제 오후에 사직서를 제출했음을 알리고자 메일을 보냅니다.
저는 국제무역학 전공의 학사 학위를 받고 졸업한 후 이 회사에서 약 15년간 일했습니다. 저는 우리가 함께 일했던 시간을 소중히 여기고 귀하가 제게 주신 친절한 도움들에 대해 정말 감사드립니다.
하지만 저는 마침내 회사를 떠나는 힘든 결정을 내리게 되었습니다. 솔직히 말씀드리면, 저는 탑원회사의 제안을 받아들이기로 했습니다. 사흘 후 새 직장에서 더 나은 도전을 고대하며 유능한 임원이 될 것입니다. 귀하가 편하실 때 언제든 연락해주시기를 바랍니다.

당신의 신실한,
올리버 코헨 올림

제2장

쉽게 배우는 무역영어

1 해외시장조사 의뢰

일반적으로 수출할 상품을 찾은 후에는 해외시장조사를 해야 할 필요가 있습니다. 해외시장은 국내시장과 다르기도 하거니와 관련 상품 시장에 대한 정보를 거의 알지 못하기 때문입니다.

따라서 수출회사가 해외시장조사의 절차를 거친다면 비용과 위험을 최소화하고 부가가치를 극대화하는 데 도움이 될 것입니다.

해외시장조사 주요 항목은 대상 국가의 산업 동향, 경제 동향, 경쟁국의 진출 동향, 각종 인증제도, 관련 법규, 가격 동향 등으로 구성되어 있습니다.

수출을 지원하는 한국무역협회, KOTRA, 중소벤처기업진흥공단 등과 같은 전문기관을 활용하거나 해외 현지 컨설팅회사 등에 시장조사를 의뢰하는 방법이 있습니다. 또한 무역 관련 기사, 홍보 책자, 수출입 통계자료 등을 활용하여 시장조사를 할 수도 있습니다.

시장조사를 의뢰할 때는 제품의 수요, 경쟁회사, 가격 등 알고 싶은 정보를 구체적으로 조사해서 알려주도록 요청해야 합니다.

다음 예문은 해외 현지 컨설턴트에게 시장조사를 의뢰할 때 서신 본문에 사용하는 영어 표현입니다.

We are planning to export high quality hairdryers to the USA. Therefore, we need to get detailed information about the current American market situation for hairdryers. We really appreciate it if you cooperate us in carrying out market survey. Your market report such as the domestic demand, competing firms, market price in America would be of great help to us. We look forward to receiving your fruitful market report soon.

- market situation: 시장 상황, 시황, 시장 현황
- carry out: ~을 수행하다, 실행하다, 이행하다
- domestic demand: 국내 수요 (↔foreign demand), 내수
- be of great help to: ~에 매우 도움이 되다
- fruitful market report: 유익한 시장 보고서

 해석

당사는 미국에 고품질 헤어드라이어를 수출할 계획입니다. 따라서 헤어드라이어의 현재 미국 시장 상황에 대하여 자세한 정보를 얻기 위한 시장조사에 협조해 주시면 정말 감사하겠습니다. 국내 수요, 경쟁회사, 시장가격 등을 조사한 보고서가 당사에게 큰 도움이 될 것입니다. 유익한 시장조사서를 곧 받을 수 있기를 기대합니다.

2 바이어 소개 요청

수출회사는 수출 대상 품목을 정한 후에는 수입국의 상공회의소 등에 바이어(수입회사) 소개를 요청하는 서신을 보냅니다.

수출회사가 인터넷, 홍보물, 광고 등을 활용하여 바이어를 직접 물색하는 방법도 있지만 수입국 소재 상공회의소나 무역 관련 지원기관 등을 통해 바이어를 찾는 것이 효과적이기 때문입니다.

서신은 처음 보내는 경우가 많으므로 서두에 수출회사의 사업 내용을 간략히 소개하고, 중간 부분에서는 자사의 희망 사항이나 계획 등을 기술한 후 제품의 수입을 희망하는 회사의 소개를 부탁한다는 내용으로 작성합니다.

서신 본문의 말미에는 자사의 신용조회처인 거래 은행을 안내해 주고 조속한 회신 요청과 함께 감사의 인사말로 마무리하는 것을 잊지 말아야 합니다.

다음 예문은 수출회사가 수입국의 상공회의소에 바이어 소개를 요청하는 영어 표현입니다.

We have been manufacturing and exporting various kinds of Hairdryers for more than 20 years and now are planning to export Hairdryers to San Francisco in USA.

We would appreciate it very much if you could introduce to us some reliable importers who are interested in the business of Hairdryers. For any information as to our financial standing and reputation, please refer to the ABC Bank, Kangnam Branch, in Seoul, Korea.

Thank you very much for your attention and look forward to receiving your favorable reply at your earliest convience.

- financial standing and reputation: 재정 상태와 평판
- refer to: ~에 문의하다, 조회하다, 언급하다
- look forward to: ~을 고대하다, 기대하다, 기다리다
- favorable reply: 호의적인 답변, 회신, 회답
- at one's earliest convenience: 가급적 빨리, 형편 닿는 대로

 해석

당사는 20년 이상 다양한 종류의 헤어드라이어를 생산하여 수출해오고 있으며, 현재 미국 샌프란시스코에 헤어드라이어를 수출할 계획입니다. 헤어드라이어 사업에 관심이 있는 믿을 만한 수입업체를 소개해주시면 감사하겠습니다. 당사의 재정 상태와 평판에 대한 정보는 ABC 은행 강남 지점에 문의하시기 바랍니다.

귀사의 관심에 감사드리며 이른 시일 내에 호의적인 답변을 기대합니다.

3 거래 제안

거래 제안(Business proposal)은 당사의 제품이나 서비스에 대해 잠재 고객에게 새로운 거래를 제의하는 의사 표시를 말합니다. 따라서 신규 거래를 위한 제안 서신을 작성할 때는 잠재 고객에게 깊은 인상을 심어줄 수 있도록 깔끔한 형식과 명료한 내용으로 작성하여야 합니다.

요즘 거래 제안은 우편을 통한 편지 발송 방식에서 이메일 등을 사용하는 전자우편 발송 방식이 주를 이루고 있습니다.

서두에는 상대방 회사를 알게 된 경위와 당사에 관해 간단한 소개를 한 후 본문에서는 거래 희망 상품과 소개 목적 등에 대해 안내합니다. 그뿐만 아니라 카탈로그, 브로슈어 등을 첨부한다는 내용과 당사의 신용조회처(Credit reference)에 관해 언급해 준다면 상품 소개에 큰 도움이 됩니다. 말미에는 우호적인 회신을 부탁한다는 내용으로 마무리하면 좋습니다.

다음 예문은 미래 고객인 수입회사에 새로운 거래를 제의할 때 사용하는 영어 표현입니다.

Having heard from the Chamber of Commerce in Seatle that you are interested in the business of Hairdryers, we are writing to you with a keen desire to do business with you.

We have been established in the Republic of Korea for over 20 years as Hairdryers manufacturer and exporter, and our products are highly accepted by many overseas companies. In order to diversify our existing market, we are interested in supplying our products to you on favorable terms.

Upon receipt of your request for our catalogues and price list, we could send our catalogues with competitive prices to you. As to our credit standing, we refer you to Jeil Bank, Incheon Branch in Seoul, Korea.

We are looking forward to your favorable reply with thanks.

- keen desire: 간절한 소망 (=ardent desire, earnest wish)
- do business with: ~와 거래하다 (=deal with, make a connection with)
- on favorable terms: 유리한 조건으로 (=on advantageous terms)
- upon receipt of: ~을 받는 대로, ~하는 즉시
- credit standing: 신용 상태 (=financial status)
- favorable reply: 호의적인 회답 (=positive reply)

귀사가 헤어드라이어 사업에 관심이 있다는 소식을 시애틀 상공회의소로부터 듣고 귀사와의 거래를 간절히 바라면서 이 편지를 씁니다.

당사는 대한민국에서 20년 이상 헤어드라이어 수출 제조업체로 사업을 운영하고 있으며 많은 해외 기업에서 높은 평가를 받고 있습니다. 기존 시장을 다변화하기 위해 유리한 조건으로 귀사에 제품을 공급하려고 합니다.

카탈로그와 가격표에 대한 요청을 받는 즉시 당사는 경쟁력 있는 가격으로 카탈로그를 보내겠습니다. 당사의 신용 상태는 대한민국 서울에 있는 제일은행 인천지점에 문의하시길 바랍니다.

당사는 감사하는 마음으로 귀사의 호의적인 답변을 기다리겠습니다.

4 해외신용조사 의뢰

신용조사(Credit Inquiry)는 거래를 개시하기 전에 상대방의 신용 상태를 조사하는 일이며, 상대방의 재무 상태와 경영 능력 등을 종합적으로 조사하는 것을 말합니다. 외국의 잠재 고객(수입회사)으로부터 거래 문의를 받을 경우 그 회사가 신뢰할 수 있는 회사인지 상대방의 신용 상태(Credit Condition)를 알아보는 절차는 꼭 필요합니다.

조사해야 할 항목은 주로 경영자 평판, 지불능력, 영업능력, 거래조건 등으로 구성되어 있습니다. 신용조사 방법으로는 은행을 통한 신용조회(Bank Reference), 상대방과 거래 경험이 있는 회사를 통한 신용조회(Trade Reference) 외에 신용조사 전문기관(Credit Bureau)을 통한 신용조회 등이 있습니다.

서두에는 상대방 회사를 알게 된 경위와 서신을 보내게 된 목적을 설명한 후 본문에서는 신규 거래처에 대한 정보제공 등을 요청하고 제공된 정보는 엄정하게 관리할 것임을 추가합니다. 말미에는 신용조사 의뢰 사항에 협력해 주어 감사하다는 표현으로 마무리하면 좋습니다.

다음 예문은 상대방과 거래 경험이 있는 회사에 신용조사를 요청할 때 사용하는 영어 표현입니다.

ABC Corporation have given your name as a reference in opening an account with us for the business of hairdryers.

We believe that our business relations with the company will largely depend on its credit standing. Therefore, we shall appreciate your information about your experience with the company and its financial capability, business ability, and trade terms. All information you may provide us will be held in strict confidence.

Thank you very much for your cooperation.

- as a reference: 신용조회처로, 추천인으로, 참고처로
- open an account with: ~와 거래를 시작하다, ~에 계좌를 개설하다
- credit standing: 신용 상태 (=credit condition, financial status)
- trade terms: 거래조건, 무역조건 (=terms of trade)
- in strict confidence: 극비로, 비밀로, 엄격한 비밀로

 해석

당사와 헤어드라이어 사업을 하려는 ABC회사가 자신의 조회처로 귀사를 알려 왔습니다.

당사와 비즈니스 관계는 그 회사의 신용 상태에 크게 좌우될 것입니다. 따라서 그 회사에 대한 귀사의 경험과 재무 능력, 영업 능력 및 거래 조건에 대한 정보를 주시면 감사하겠습니다. 귀사가 제공하는 모든 정보는 철저히 비밀로 유지됩니다.

귀사의 협조에 진심으로 감사드립니다.

5 회사 소개

　해외 잠재 거래처(Overseas potential client)에 처음 이메일을 보낼 때 우리 회사를 소개하는 것은 친밀한 거래 관계 형성을 위해 중요한 기본 절차입니다.

　우리 회사가 어디에서 어떤 사업을 하는지, 어느 분야에서 강점이 있는지, 거래 개시할 경우 어떤 혜택이 있는지 등을 간단명료하게 작성하여 메일을 보내면 됩니다. 본문의 마지막 부분에는 질문이나 제안사항이 있을 경우 연락을 부탁한다는 내용으로 마무리하면 좋습니다.

　다시 말하면 상대방에게 처음 이메일을 보낼 때는 친절하고 정중한 표현으로 꼭 필요한 분량의 회사 개요만을 전달할 필요가 있습니다. 특히 우리 회사의 상세한 정보 제공을 위해 브로슈어(Brochure)나 팸플릿(Pamphlet), 샘플(Sample) 등을 동봉하는 서비스 정신을 발휘한다면 상대방의 긍정적 의사 결정에 많은 도움이 될 것입니다.

　다음 예문은 해외에 있는 미래의 거래처에 자신의 회사를 소개할 때 사용하는 영어 표현입니다.

I would like to take this opportunity to introduce Joco Inc. to you. Our company specializes in producing and supplying of hairdryers products for household appliances market.

With our quality products and your wide range of distribution networks, we can together create synergy for business success. Please let us know if you want more details of our products. I look forward to hearing from you soon.

- take this opportunity to: 이 기회를 빌려 ~하다, ~할 기회를 얻다
- specialize in: ~을 전문으로 하다, ~을 전공하다
- household appliances market: 가정(가전)용품 시장
- quality product: 고품질 제품, 양질품, 고급 제품
- wide range of distribution networks: 광범위한 유통망
- look forward to hearing from: ~로부터 소식을 고대하다

 해석

이 기회를 빌려 주식회사 Joco를 소개합니다. 저희 회사는 가전제품 시장에 헤어드라이어 제품을 생산, 공급하는 기업입니다.

당사의 고품질 제품과 귀사의 광범위한 유통 판매망을 통해 비즈니스 성공을 위한 시너지를 함께 창출할 수 있습니다.

당사 제품에 대한 자세한 내용을 원하시면 연락해주시기를 바랍니다. 귀사의 소식을 기다리겠습니다.

제품 소개

기업은 서신 교환, 온·오프라인 광고, 설명회, 전시회, 박람회 등 다양한 방법을 활용하여 새로운 제품이나 서비스를 소개하는 영업 활동을 합니다.

영업 활동은 일반적으로 회사 이익의 결정에 영향을 미치는 구매, 생산, 판매 등 거래를 말하며, 거래 개시를 준비하기 위한 제품 소개나 서비스의 안내 등을 포함합니다.

특히 회사의 제품을 안내하기 위해 잠재 고객에게 무작정 전화하거나 편지를 보내더라도 긍정적 답변을 기대하기 어렵기 때문에 지인의 소개를 통해 연락을 하는 경우가 많습니다.

거래 상대방이 잘 알고 있는 사람으로부터 소개받아 연락할 때는 그 사람의 이름을 명시하여 상대가 친밀감을 느끼도록 하면 효과가 큽니다.

다음 예문은 지인의 소개를 받아 거래 상대방에게 회사의 제품 등을 소개하는 영어 표현입니다.

We got your name and address from Mr. Smith. We would like to have an opportunity to introduce our services to you. This consulting program is designed to provide special assistance to small and medium sized businesses. We are looking forward to doing business with you in the near future.

해석 1

당사는 스미스 씨로부터 귀하의 이름과 주소를 받았습니다. 당사의 서비스를 소개할 기회를 가졌으면 합니다. 이번 컨설팅 프로그램은 중소기업을 특별히 지원하기 위해 마련됐습니다. 당사는 가까운 시일 내에 귀사와 거래하기를 원합니다.

예문 2

I was referred to you by Mr. Jack at ABC company. I am contacting you because I'd like to introduce our latest products to you. We are selling a worldwide state-of-the art electric home appliances. I'd appreciate the opportunity to discuss how we can work together. We will be pleased to answer any questions you may have on our products. I hope we can cooperate in the near future.

해석 2

저는 ABC회사의 Mr. Jack으로부터 당신을 소개받았습니다. 당사의 최신 제품을 소개해 드리고자 연락드렸습니다. 당사는 세계적인 최첨단 가전제품을 판매하고 있습니다. 함께 일할 수 있는 방법에 대해 논의할 기회를 주시면 감사하겠습니다. 당사 제품에 대해 궁금하신 점이 있으면 기꺼이 답변해 드리겠습니다. 향후 사업에서 서로 협력했으면 좋겠습니다.

7

행사 안내

많은 수출입회사는 자체 생산하는 제품의 홍보를 위해 박람회, 전시회 등 온·오프라인 행사(On·off line events)에 참가합니다. 요즘은 안타깝게도 코로나19 사태 장기화로 각종 온라인박람회 등의 행사가 자주 열리고 있지 못하는 실정입니다.

담당자는 예산 편성, 전시회장 부스 확보 등 행사 참여 계획을 수립하고 참가 요청 대상업체를 파악하여 잠재 고객들에게 안내문을 보냅니다. 안내 방법으로는 전자메일, 문서 서신, 팩시밀리 등이 있는데 최근에는 전자메일을 통한 안내가 주를 이루고 있습니다.

전시회 등 행사가 끝난 후에는 비용 정산 등 결과 보고서를 작성하는 것 외에 방문 거래처에 감사 서신을 보내는 것도 잊지 말아야 합니다.

다음 예문은 상품 전시회에 참가 예정인 회사가 잠재 고객들(Potential customers)에게 행사 참가 요청을 문의할 때 사용하는 영어 표현입니다.

예문 1

We are the leading producer and exporter of high quality office furnitures with over twenty five years of experience in the field. We will be co-sponsoring the 2022 Furniture Exhibition at the Coex for 5 days from March 1 through 5. If you are interested in, please let us know so that we can send you details.

해석 1

당사는 사무용 가구 분야에서 25년의 경험을 갖추고 고품질 사무용 가구를 생산해서 수출하고 있는 선두 업체입니다. 다름이 아니오라, 당사는 코엑스에서 3월 1일부터 5일까지 5일간에 걸쳐 『2022 가구박람회』를 공동 후원합니다. 귀사가 관심이 있으시면 상세한 행사 내용을 알려드리겠습니다.

예문 2

The main product of our company is electric home appliances for export. We will be participating in the 2022 International Consumer Electronics Exhibition as one of the supporting organization which will be held at the Korea Convention & Exhibition Center(COEX) from March 10 through 16. Please join us to promote international understanding and cooperation in the near future.

해석 2

당사의 주력 제품은 수출용 가전기구입니다. 당사는 3월 10일부터 16일까지 일주일간 한국종합전시장에서 열리는 『2022 국제가전박람회』의 지원회사로 선정되었습니다. 앞으로 당사와 상호 협력을 위해 귀사가 이번 행사에 참석해 주셨으면 합니다.

8

회사 방문 상담

    구매자(Buyer)와의 상담은 주로 전시회, 박람회 등에서 이루어지는데 요즘 코로나19 긴급 상황에 들어서는 온라인 상담회 등이 활발하게 진행되고 있습니다.

    바이어, 즉 구매자와의 상담이 어느 정도 진척되다 보면 바이어가 수출 회사의 본사나 생산 공장을 방문하고 싶다는 의사 표현을 하는 경우가 있습니다. 이럴 때는 철저한 사전 준비가 필요합니다. 미리 만든 계획과 시나리오가 없이 즉흥적으로 바이어를 안내하거나 응대하다 보면 제품 브리핑이나 시연 과정에서 난처한 상황이 발생할 수 있습니다.

    다시 말해 바이어의 방문 계획에 대한 안내 매뉴얼 등 사전 준비가 마련되어 있지 않으면 거래 성사율 제고, 판로 개척, 그리고 회사 신뢰도 제고 등의 실질적 효과를 얻을 수 없을 것입니다.

    다음 예문은 바이어가 수출회사 사업장을 방문하여 제품 전시장을 둘러본 후 수출 담당자와 대화를 나눌 때 사용하는 영어 표현입니다.

A: Lots of our products are going overseas. About 80% is going abroad.

B: Is that so?

A: Is there anything that I can book for you now?

B: Well, if your prices are right, you can.

A: You'll get right prices. You can rely on that.

B: I'm afraid I can't place any definite orders with you off hand. But I'll be asking you for quotations later on. Well! It's going on 5 o'clock.

A: Are you going back to the hotel now?

B: Yes, I am.

A: Then I'll get our staff to drive you back to the hotel. Please wait for a minute, Mr. Smith.

B: Thank you, Mr. Jo. I'll look into that when I get back to the hotel.

A: 저희 회사의 많은 제품이 해외로 나가고 있습니다. 약 80%가 해외로 나가고 있지요.

B: 그런가요?

A: 지금 예약해 드릴 게 있나요?

B: 글쎄요, 가격이 맞는다면 그렇게 할 수 있습니다만.

A: 제값을 받을 수 있을 거예요. 그건 믿으셔도 됩니다.

B: 죄송하지만 지금 확정적 주문을 할 수 없습니다. 하지만 나중에 귀사에 견적을 요청하겠습니다. 음! 이제 다섯 시가 다 돼가네요.

A: 지금 호텔로 돌아가시는 거죠?

B: 예, 맞아요.

A: 그럼 저희 직원이 호텔까지 모셔다드리도록 하겠습니다. 스미스 씨, 잠시만 기다려 주십시오.

B: 조 선생님, 감사합니다. 호텔에 돌아가면 그 내용을 검토해 보겠습니다.

9 제품 설명

국제화 시대에 외국 바이어(수입회사)가 정식 주문 계약을 체결하기 전에 수출회사 본사나 사업장 등을 방문하는 경우가 종종 있습니다.

그럼 수출회사는 자사 제품의 특징(Feature), 사양(Specification), 수요(Demand) 등을 바이어에게 친절히 설명해 주어야 주문 계약까지 이를 수 있습니다.

예를 들어 제품의 특징을 영어로 설명할 때 '사용의 수월성'은 'the ease of use', '내구성'은 'durability' 등으로 표현합니다.

제품의 사양을 설명할 때 '다양한 색상'은 'a wide range of colors', '다용도'는 'multi-role' 등으로 표현합니다.

제품의 수요를 설명할 때 '가장 잘 팔리는 제품'은 'best-selling product', '대박'은 'a great hit', '주문 쇄도'는 'a rush of orders' 등으로 표현합니다.

다음 예문은 외국 바이어가 한국 회사의 전시장을 방문할 때 진행되는 대화 표현입니다.

A: Let me explain the features of our products. Above all, our products are highly durable.

B: Well, you have some high-powered vacuum cleaners.

A: Thank you, Mr. Smith. Do these multi-role vacuum cleaners attract you?

B: Yes, they do. Do you think these will interest consumers?

A: Yes, if they're looking for up-to-date vacuum cleaners, these will interest them.

B: Are they much in demand nowadays?

A: Yes, we have a rush of orders.

B: Do you make them and supply them?

A: Yes, we do, Mr. Smith.

B: Let me have a little time to work out order quantities.

A: Thank you, Mr. Smith. Hope we'll strike a bargain.

- a rush of orders: 주문 쇄도
- work out order quantities: 주문량을 산출하다
- strike a bargain: 매매계약을 맺다, 흥정이 성립되다

해석

A: 당사 제품의 특징을 설명하겠습니다. 당사 제품은 무엇보다 내구성이 뛰어납니다.

B: 고성능 진공청소기가 있네요.

A: 감사합니다, 스미스 씨. 이 다목적 진공청소기가 마음에 듭니까?

B: 네, 그렇습니다. 이것이 소비자의 관심을 끌 것이라고 생각합니까?

A: 예, 최신 진공청소기를 찾고 있다면 관심을 가질 것입니다.

B: 요즘 수요가 많습니까?

A: 네, 주문이 쇄도하고 있습니다.

B: 직접 만들어서 공급하시나요?

A: 그렇습니다, 스미스 씨.

B: 주문 수량을 계산할 시간을 좀 갖겠습니다.

A: 감사합니다, 스미스 씨. 우리가 함께 거래 맺기를 바랍니다.

10 오퍼 제시

무역은 나라와 나라 사이에 서로 물품을 매매하거나 교환하는 일을 말합니다. 참고로 우리나라 무역의존도는 GDP 대비 52% 정도로 국가 경제에서 중요한 부분을 차지하고 있습니다. 그뿐만 아니라 수출과 수입액을 합한 교역액 기준으로는 세계 8위를 유지하고 있습니다. (2021.12월, 통계청)

지금도 글로벌 무역 현장에서는 물품 교환 등의 수출입 거래가 밤낮 없이 활발하게 진행되고 있습니다.

수입회사가 상품에 대한 결제 조건, 가격 등의 문의를 요청하면 수출회사는 견적서, 카탈로그 등의 자료를 첨부해서 문의에 대한 감사 표시와 함께 오퍼(Offer)를 제시합니다.

오퍼(Offer)란 수출자가 수입자에게 일정 조건을 제시하며 판매 의사를 표하는 것을 말하는데, 제안서에는 상품명 및 규격, 수량, 가격, 선적시기, 지불조건, 포장방법, 검사방법, 인도조건, 유효기간, 원산지 등의 항목을 기재합니다.

다음 예문은 수출회사가 가격 조건 등 오퍼를 제시할 때 자주 사용하는 영어 표현입니다.

Thank you for your fax of November 25 asking for an offer for Golf clubs. As requested, we are making you a firm offer subject to your reply reaching us by December 5 as follows: ~.

해석 1

11월 25일 골프 클럽에 대한 오퍼를 요청해 주신 문의에 감사드립니다. 요청하신 대로, 12월 5일까지 귀사의 회신이 도착하는 것을 조건으로 아래와 같이 확정 오퍼를 드립니다.

예문 2

We are pleased to submit an offer to you as follows: ~. We trust this offer is clearly a win-win proposition, and we look forward to receiving your positive response at your earliest convenience.

해석 2

당사는 다음과 같은 오퍼를 제시하게 되어 기쁩니다. 이 오퍼는 분명히 서로 이익이 되는 제안이라고 믿으며, 이른 시일 내에 귀사의 긍정적인 답변을 기대합니다.

예문 3

We appreciate your interest in our products and are pleased to inform you that all the items you inquired about are in stock now. Enclosed please find the itemized quotation for each item. We look forward to hearing from you in the nearest future.

해석 3

저희 제품에 관심을 가져주셔서 감사드리며, 문의하신 모든 품목은 모두 재고가 있음을 알려드리게 되어 기쁩니다. 품목별 세부 견적서를 동봉합니다. 가까운 시일 내에 회신을 고대합니다.

해외 출장 협의

전시회, 박람회 등에 참가하거나 해외 거래처의 사업장을 방문할 때는 상대 회사 담당 직원과 사전에 업무협의를 한 후 일정에 따라 해외 출장(Overseas business trip)을 가게 됩니다.

이메일을 활용하여 상대 회사 담당 직원과 출장 목적, 일자, 장소 등에 관해 미리 협의한다면 소기의 출장 효과를 거둘 수 있습니다. 그뿐만 아니라 출장을 다녀와서는 출장 업무를 수행할 때 준수해야 할 규정에 맞게 결과 보고와 함께 출장 여비 등을 정산해야 합니다.

다음 예문은 해외 출장을 가기 전에 상대 회사 담당 직원과 출장 관련 업무를 협의할 때 사용하는 영어 표현입니다.

We think it will be helpful to have a face-to-face meeting to discuss our business at this point. We would like to visit you in mid April-preferably the 10th. Could you please let us know if this day is available for us to meet, and if not, what day would be good for you? We look forward to your promt reply.

해석 1

현시점에서 직접 만나 사업에 대해 논의하는 것이 도움이 될 것 같습니다. 4월 중순, 되도록 10일에 방문하고 싶습니다. 우리가 이날 만날 수 있는지, 아니면 어떤 날이 좋을지 알려주시기를 바랍니다. 귀하의 신속한 회신을 기다리겠습니다.

예문 2

I'll be visiting in Tokyo on February 20 for a week. I would like to make an appointment with you if you're fine. And could you please arrange accommodations for me if possible? If you have an alternate suggestion, please let me know. Any time on Wednesday or Thursday would be fine with me. We look forward to your promt reply.

해석 2

저는 2월 20일에 일주일 동안 도쿄를 방문할 예정입니다. 귀하가 괜찮으시다면 약속을 정하고 싶습니다. 가능하다면 귀하께서 숙소를 잡아주실 수 있는지요? 혹시 다른 제안이 있다면 저에게 알려주시기를 바랍니다. 저는 수요일이나 목요일 아무 때나 좋습니다. 귀하의 신속한 회신을 기다리겠습니다.

12 가격 협상

  가격은 매출, 원가, 이익 등의 재무 상태에 큰 영향을 미치기 때문에 무역 거래에 있어 가격협상은 매우 중요한 업무입니다.

  가격 협상은 제품 가격에 대하여 각각의 입장에서 제시하고 조정하는 합의의 과정입니다. 가격 협상의 완결은 수출회사에게는 계속 거래를 할 수 있는 기회를 얻을 수 있으며, 특히 수입회사(바이어) 입장에서는 미래의 판매 수익을 기대할 수 있습니다.

  가격을 표현할 때는 그냥 price를 말하는 것보다는 FOB price(본선 인도 조건 가격), Volume discount price(대량 할인 가격), Unit price(단위 가격) 등을 사용하여 구체적인 가격을 제시해야만 협상이 원활하게 진행될 것입니다.

  다음 예문은 수입회사 담당자가 수출회사 사업장을 방문하여 제품을 살펴본 후 가격 협상을 개시할 때 사용하는 영어 표현입니다.

A: Can we talk about FOB price?

B: Speaking of FOB price, the price to you would have to be worked out.

A: What's the ex factory price of what I see here?

B: What you see here range from 100 dollars to around 200 dollars ex factory, Mr. Smith.

A: Thank you, Mr. Jo. Let me look into that when I go back home and let you know within this month.

B: Thank you very much, Mr. Smith. I'd be pleased if you would. We'll be looking forward to your happy news.

- FOB price: 본선인도 조건(Free On Board) 가격
- ex factory price: 공장도 가격 (=ex works price)
- look into: ~을 검토하다, 조사하다 (=examine, investigate)

 해석

A: FOB 가격에 관해 얘기해 볼까요?

B: FOB 가격에 대해 말하자면, 귀사에 해드릴 가격을 계산해 봐야겠습니다.

A: 여기 보이는 것의 공장도 가격은 얼마인가요?

B: 여기 보이는 것은 공장도 가격으로 100달러에서 200달러 정도입니다. 스미스 씨.

A: 감사합니다, 조 씨. 고국에 돌아가 그 내용을 검토해 본 다음 이번 달 안에 알려 드리겠습니다.

B: 대단히 감사합니다, 스미스 씨. 귀사가 그렇게 해주신다면 기쁘겠습니다. 당사는 귀사의 기쁜 소식을 기다리겠습니다.

13 가격 재협상

무역은 살아있는 생물과 같습니다. 물품 매매, 서비스, 지식재산권, 자본 투자 등의 여러 부문에서 국제적인 상거래가 진행되고 있습니다. 상담, 주문, 생산, 판매, 선적, 인도의 과정에 이르기까지 부문별 담당자는 쉴 틈 없이 움직이고 있습니다.

수입회사로부터 상품에 대한 결제 조건, 가격 등의 주문 사항을 문의해 오면 수출회사는 견적서, 카탈로그 등의 자료를 첨부해서 문의에 대한 감사 표시와 함께 오퍼(offer, 제안)를 합니다. 그런데 수입회사는 수출회사가 제시한 견적서 등을 검토하여 오퍼 내용과 다른 의견이 생길 경우에 수입회사는 어떻게 대응해야 할까요?

특히 오퍼 내용 가운데 가격 수준, 결제 방법, 인도 조건 등에서 이견이 있으면 수입회사는 같은 업계 시장 상황, 지급 능력, 구매 계획 등을 충분히 검토하여 수출회사에 가격, 조건 등의 협상안을 역으로 제시(Counter offer)해야 합니다.

다음 예문은 수입회사가 수출회사에게 가격, 조건 등의 교섭안을 제시할 때 필요한 영어 표현입니다.

예문 1

We well received your estimate dated December 1. We regret to inform you that we cannot accept your offer price, which is 10% higher than our expected price. Could you give us a 10% discount if it is possible?

해석 1

12월 1일 자 견적서는 잘 받았습니다. 우리의 예상 가격보다 10% 높은 귀사의 오퍼 가격을 받아들일 수 없음을 알려드리게 되어 유감입니다. 가능하다면 10% 할인해주실 수 있나요?

예문 2

Thank you for your estimate dated December 1 you offered a special price. We will accept your offer if the goods can be shipped by the end of December. We hope these conditions are acceptable and look forward to hearing from you soon.

해석 2

12월 1일 자 특별 가격을 제시해 주셔서 감사합니다. 12월 말까지 선적할 수 있다면 귀사의 제안을 받아들이겠습니다. 당사는 이 조건들이 받아들여지길 바라며 빠른 답변 기다리겠습니다.

주문 의사 표시

주문은 어떤 상품을 생산하거나 판매하는 사람(수출회사)에게 그 상품의 생산과 운송 또는 서비스의 제공을 청구하는 것을 말합니다.

참고로 무역은 문의(Inquiry) → 오퍼(Offer) → 주문(Order) → 주문승낙(Acceptance) → 운송(Shipment) → 인도(Delivery)의 과정을 거쳐 완성됩니다.

매수인(수입회사)은 상품 주문서에 해당 상품명, 수량, 단위, 단가, 상품번호, 색깔, 규격, 선적시기, 인도일, 지불조건, 결제통화, 보험 조건 등을 정확히 기재해서 주문해야만 원활한 거래가 진행됩니다.

다음 예문은 무역 과정 중에서 상품을 주문할 때 사용하는 영어 표현입니다.

예문 1

We are pleased to place a purchase order with you in accordance with the terms and conditions mentioned below.

해석 1

당사는 아래에 언급된 조건에 따라 귀사에 구매 주문하게 되어 기쁩니다.

예문 2

Thank you for your quotation. We would like to order goods as follows: ~. The goods must be of exactly the same quality as the samples furnished.

- place a purchase order: 구매 주문하다
- terms and conditions: (계약이나 지불 등의) 조건

해석 2

귀사의 견적에 감사드립니다. 당사는 다음과 같은 상품을 주문하고자 합니다. 상품은 제공된 견본과 정확히 같은 품질이어야 합니다.

We would like to order 500 sets of model No. 2100. You are requested to ship this order by the end of May at the latest since all merchandise is seasonal.

해석 3

당사는 2100 모델 500세트를 주문하고 싶습니다. 상품은 모두 계절 상품이므로 늦어도 5월 말까지는 이 주문품을 선적해 주셔야 합니다.

주문 계약 체결

　수출회사는 견적서, 카탈로그 등의 자료를 첨부해서 문의에 대한 감사 표시와 함께 제안(Offer) 합니다.

　수출회사가 제시한 오퍼, 즉 제안에 관해 내용 변경 요청(Counter Offer)이 없는 경우 수입회사는 상품 주문서에 해당 상품명, 수량, 단위, 단가, 상품번호, 색깔, 규격, 선적시기, 인도일, 지불조건, 결제통화, 보험 조건 등을 정확히 기재해서 수출회사에 주문합니다.

　수출회사는 주문 조건 등을 검토한 후 변경 사항이 없으면 수입자가 발행한 주문서(Order Sheet)에 확인 서명(Acknowledgement)을 하여 해당 주문에 대해 승낙을 함으로써 계약 체결에 이르게 됩니다.

　거래계약은 오퍼승낙서, 주문확인서 등 별도의 간단한 계약서를 작성하여 쌍방이 서명하는 것이지만, 최근의 무역계약은 표준화되는 경향이므로 정형화된 계약서 서식을 많이 사용합니다.

　다음 예문은 무역 과정 중에서 수입회사가 제시한 상품 주문서 내용을 승낙하고 주문에 대한 감사 표현을 할 때 사용하는 영어 표현입니다.

예문 1

We appreciate your order dated November 28 for 5,000 sets of hairdryers. We assure you that this order will have our careful attention.

해석 1

11월 28일 자로 귀사가 헤어드라이어 5,000세트를 주문해 주셔서 감사합니다. 당사는 이번 주문에 세심한 주의를 기울일 것입니다.

예문 2

Thank you for ordering our 3,000 sets of valves. We hope that this initial order will become the first step to a good relationship between your company and mine.

해석 2

귀사가 밸브 3,000세트를 주문해 주셔서 감사합니다. 이 첫 주문이 귀사와 당사 간에 좋은 관계를 위한 첫걸음이 되기를 바랍니다.

예문 3

We appreciate your confidence in our products. We're trying to the best of our ability to maintain over a standard quality.

- try to the best of one's ability: 힘껏 노력하다

해석 3

당사 제품에 대한 귀사의 신뢰에 감사드립니다. 당사는 표준 품질 이상을 유지하기 위해 최선을 다하고 있습니다.

16 신용장 개설 요청

신용장은 영어로 Letter of Credit, 줄여서 L/C라고 하며, 증서에서 요구하는 모든 조건을 충족하면 은행이 반드시 대금을 지급하겠다는 약속 문서입니다. 달리 말하면 신용장이란 수출업자의 요청에 따라 수입회사가 거래하는 은행에서 수출회사가 발행하는 환어음의 결제를 보증하는 문서입니다.

국제 상거래에서 사용하는 신용장의 경우 은행이 철저한 서류 검토 후에 대금 지급을 결정하기 때문에 수입회사(매수인)는 자신이 원하는 물품을 기한 내에 받을 수 있고, 수출회사(매도인)도 물품만 정상대로 보내면 대금을 안전하게 받을 수 있습니다.

다음 예문은 수입회사에게 신용장 개설을 요청할 때 사용하는 간단한 영어 표현입니다.

A: Mr. Smith, we asked you to open L/C for your order No.10 via e-mail on December 15th.

B: We've opened on irrevocable L/C in your favor.

A: What are the terms of price you're considering?

B: I hope you'll be able to quote FOB Busan and CIF New York.

A: We'll be glad to do as you like. You may rest assured.

- via e-mail: 이메일로, 이메일을 통하여
- irrevocable L/C in one's favor: 수출회사(판매자)를 수익자로 하는 취소불능신용장
- terms of price: 가격 조건
- rest assured: 믿어도 된다, 안심해도 된다, 확신해도 된다
- FOB: 본선 인도 조건(Free On Board)
- CIF: 운임·보험료 포함 인도 조건(Cost, Insurance and Freight)

 해석

A: 스미스 씨, 당사가 12월 15일에 주문번호 10의 신용장을 개설해 달라고 메일로 요청했습니다.

B: 당사는 귀사를 수익자로 하여 취소불능신용장을 개설했습니다.

A: 귀사가 생각하는 가격 조건은 무엇입니까?

B: FOB 부산과 CIF New York 조건으로 견적을 내주시면 좋겠습니다.

A: 원하시는 대로 해드리겠으니 안심하셔도 됩니다.

상품 출하

　지금 이 시각에도 무역은 밤낮없이 진행되고 있습니다. 무역은 상품 문의(Inquiry), 회신(Reply), 오퍼(Offer), 주문(Order), 주문 승낙(Acceptance) 및 계약 체결 과정을 거쳐 여기 상품 출하까지 왔습니다.

　출하는 수출회사가 상품이나 생산품을 수입회사에게 내보내는 것을 말합니다. 수출회사는 주문 조건에 변경 사항이 없으면 해당 주문에 대한 승낙을 수입회사에 통지한 후 주문 상품을 배나 비행기 편으로 운송하는 과정을 거칩니다.

　수출회사는 수입회사와 합의한 운송 조건에 따라 포장 방법 등을 꼼꼼히 챙긴 후 출하해야만 나중에 클레임을 당하지 않을 것입니다.

　다음 예문은 수출회사가 상품이나 생산품을 수입회사에게 내보낼 때 사용하는 영어 표현입니다.

Thank you for your order for our products. We are writing to inform you that the order number 123 is on the way to San Francisco and it will arrive by the end of the month. We hope all products ordered will reach you in good condition.

해석 1

당사 제품을 주문해 주셔서 감사합니다. 주문번호 123이 샌프란시스코로 가는 중이고 이달 말쯤 도착한다는 것을 알려드리기 위해 이 글을 씁니다. 당사는 주문한 모든 제품이 귀사에 좋은 상태로 도착하기를 바랍니다.

예문 2

We well received your payment of USD 20,000 on December 5. We are pleased to inform you that the goods ordered in your order number 321 was sent yesterday and it will arrive in San Francisco on this Friday local time. Please feel free to contact me for any problems or delay.

해석 2

12월 5일에 지불하신 미화 20,000달러는 잘 받았습니다. 주문번호 321번으로 주문하신 상품이 어제 발송되었으며 현지 시간으로 이번 주 금요일, 샌프란시스코에 도착할 예정임을 알려 드리게 되어 기쁩니다. 문제나 지연이 있으면 언제든지 연락해주시기를 바랍니다.

18 선적 통지

　수출회사는 수출대금이나 신용장을 수령한 후에는 선박회사에 수출품의 선적을 의뢰합니다. 특히 신용장을 수령하면 취소불능신용장(Irrevocable L/C)인지, 기재 내용이 계약 내용과 일치하는지, L/C에서 요구하는 서류 등이 타당한지, 조건 이행이 불가능한 문언이 있는지 등을 반드시 확인해야 합니다.

　선적일이 다가오기 전에는 통관 및 선적을 위해 선적 서류를 작성하고 계약 조건에 따라 필요하면 보험에 가입할 필요가 있습니다. 주문품을 해상 운송 중에 발생할 수 있는 사고위험에 대비해서 해상보험에 가입하는데, 거래조건이 CIF(운송료·보험료 포함 인도 조건)일 경우에는 수출자가 보험에 가입합니다.

　신용장 조건의 거래일 경우에는 L/C에서 요구하는 대로 보험증권이 발행되었는지 확인하고 잘못이 있을 때는 즉시 보험회사에 정정을 요구해야 합니다.

　수출통관은 관세사에 통관 의뢰, 수출신고, 물품 검사, 수출신고 수리, 수출신고필증 교부, 선적 등의 절차로 진행됩니다.

　수출물품 선적 후에는 수입회사에게 선적 완료한 사실을 통지해야 합니다. 선적통지문(Shipping Advice)의 본문에 기재할 항목은 다음과 같습니다.

- Invoice No.: 인보이스 번호
- Name of Shipping Company: 선박회사명
- Name of Vessel and Voyage No.: 선박명 및 항차
- Shipping Date: 선적일
- Shipped From(or Loading Port): 선적항
- Expected Time of Departure(ETD): 출항예정일
- Expected Time of Arrival(ETA): 도착예정일
- Shipped To(or Destination): 목적지
- Item and Quantity: 상품 및 수량
- B/L no.: 선하증권 번호
- Number of Packages: 패키지 수량

사후 관리

　수출회사와 수입회사 간에 서로 도움이 되면서도 지속적인 거래관계를 유지하기 위해서는 수출회사가 수입회사(바이어)에 대한 사후관리를 실천해야 합니다. 사후관리는 수출이나 판매가 이루어진 이후에도 계약 목적이 지속해서 유지되도록 체계적으로 관리하는 일을 말합니다.

　수출회사는 선적한 후 상품은 잘 받았는지, 상품에 대한 반응은 어떤지, 시장 상황은 어떤지 등 관심 사항을 수입회사에게 서신으로 문의합니다.

　바이어가 적정 이익을 얻을 수 있도록 판매 활동을 지원하거나 작은 선물을 보내는 등 지속적인 거래관계를 유지하기 위해 노력하는 방법도 있습니다. 그뿐만 아니라 바이어의 불만 사항을 귀 기울여 듣고 긍정적인 개선 노력을 보인다면 지속적인 거래관계가 유지될 것입니다.

　다음 예문은 수출회사가 제품을 선적한 후에 주문에 대한 감사 서신을 바이어에게 보낼 때 사용하는 영어 표현입니다.

We thank you for your order of high quality hairdryers. We trust that the products will reach you as scheduled and in good order. Should you find the contents of the products not in perfect order when they reach you, please let us know immediately. We are looking forward to a continuing mutually-beneficial relationship in the years to come.

- as scheduled: 예정대로, 계획대로 (=as planned, as arranged)
- in good order: 제대로 정돈된 상태로, 완전한 상태로 (=in perfect order)
- mutually-beneficial relationship: 서로 도움이 되는 관계, 상호 유익한 관계
- in the years to come 앞으로 몇 년 안에, 장래에

고품질의 헤어드라이어를 주문해 주셔서 감사합니다. 당사는 제품이 예정대로 잘 도착할 것이라고 믿습니다. 만약 물건이 도착할 때 내용물이 제대로 되어 있지 않다면 즉시 알려주시기를 바랍니다.

당사는 앞으로도 지속적인 상호 이익이 되는 관계를 기대합니다.

환위험 관리

환율은 두 나라 간에 돈(화폐)을 교환하는 비율을 말합니다. 원·달러(Won·$) 환율은 달러와 비교하여 우리 돈의 가격이 얼마인가를 나타내는 것입니다.

예를 들어 국내 수출기업이 단가 1달러에 1,000원인 볼펜을 미국에 수출하고 대금결제 시점에서는 1달러에 1,100원이 되었다면 원화로 100원의 추가 이익을 얻게 되는 것입니다. 이렇게 달러 대비 원화의 가격이 올랐다고 하여 원·달러 환율 상승이라고 표현합니다.

원·달러 환율이 상승하면 달러는 강세, 원화는 약세가 되어 수출기업에게는 호재로 작용하게 됩니다. 원·달러 환율이 상승하는 원인은 주로 국내 기업의 수입 증가, 외국인의 자금 유출, 국내 금리 인하, 미국의 금리 인상, 미·중 무역분쟁 격화, 북한 리스크 상존 등에 기인합니다.

따라서 환율 변동은 기업의 손익에 미치는 영향이 크기 때문에 특히 수출입 회사는 시장 변동성에 능동적으로 대처하기 위해 외환 예·적금, 대출, 스왑, 옵션, 선도 계약 등 외화자산 투자관리에 관심을 기울일 필요가 있습니다.

이렇듯 환위험은 예상하지 못한 환율 변동으로 인한 경제적 가치의 변동 가능성인데, 환위험 관리 담당 직원은 이러한 환율 변동 위험을 체계적으로 관리하여 위험을 최소화하고 이익을 극대화하는 노력을 기울여야 하겠습니다.

아래 예문은 원·달러 환율 변동의 원인과 관리 방법 등을 논의할 때 사용하는 간단한 영어 표현입니다.

예문 1

The exchange rate has increased from 1,100 to 1,150 won per US dollar. Due to the increase in the US dollar exchange rate, the gains on foreign currency translation have also increased.

해석 1

미국 달러당 환율이 1,100원에서 1,150원으로 상승하였습니다. 달러 환율 상승으로 외화환산이익도 증가하였습니다.

예문 2

The exchange rate closed at 1,157 won per US dollar today. It was an increase of 22 won compared to the previous day. The North Korea missile launch could be a factor. As foreign exchange rates are voltile, we'd better open a US dollar account.

해석 2

오늘 환율은 미국 달러당 1,157원에 마감했습니다. 전일 대비 22원 올랐습니다. 북한의 미사일 발사가 요인일 수 있겠습니다. 원·달러 환율이 유동적이니 미국 달러 계좌를 개설하는 게 좋겠습니다.

가격 변경 안내

국제 상거래에서 수출회사와 수입회사는 매매 계약을 체결한 후 상호 신뢰를 기반으로 최신 정보 교환 등을 적극적으로 활용하여 소통을 자주 해야만 지속적인 거래를 유지할 수 있습니다.

가격 인상 등 거래 조건이 변경되거나 해당 회사의 파업 등 경영에 급격한 변동 사항이 생길 경우 당사자 간 원활한 의사소통은 매우 중요합니다. 특히 가격은 매출, 원가, 이익 등의 재무 상태에 큰 영향을 미치기 때문에 무역 거래에 있어 가격 변동은 매우 중요한 협의 대상이기도 합니다.

수출회사는 가격 인상이나 인하 등 거래 조건의 변경 사항이 발생할 때마다 수입회사에게 상세히 설명하고 미리 이해를 구해야 합니다.

아래 예문은 수출회사가 국내 물가 상승 등으로 상품 가격을 인상해야 할 때 수입회사에게 이해를 구하는 영어 표현입니다.

We have not had a price increase in the last five years. But due to the recent appreciation of Won, it's necessary to increase our prices by 5%. We hope you could understand the necessity for this price increase. Attached to this e-mail is a new price list.

해석 1

당사는 지난 5년 동안 가격 인상이 없었습니다. 하지만 최근 원화 강세 때문에 가격을 5% 인상할 필요가 있습니다. 귀사가 이번 가격 인상의 필요성을 이해해 주셨으면 합니다. 이 이메일에 새로운 가격표가 첨부되어 있습니다.

예문 2

Because of the increase in raw material costs, we have no choice but to raise the price. Accordingly, we are announcing a price increase in our all products line effective January 20, 2022. We hope you could understand the necessity for this price increase. Attached to this e-mail is a new price list.

해석 2

당사는 원재료 비용 상승으로 인해 가격을 인상할 수밖에 없습니다. 이에 따라 2022년 1월 20일부로 모든 제품군의 가격 인상을 알립니다. 귀사가 이러한 가격 인상의 필요성을 양해해주시기를 바랍니다. 이 이메일에 새로운 가격표가 첨부되어 있습니다.

가격 인하 요청

국제 상거래에서의 가격은 price로, 물건이 지니고 있는 가치를 돈으로 나타낸 것(the amount of money that you pay for something or that something costs)을 말합니다.

가격은 매출, 원가, 이익 등의 재무 상태에 큰 영향을 미치기 때문에 무역 거래에 있어 당사자 간 가격 변경 관련 업무 협의는 매우 중요합니다.

가격 변동은 왜 일어날까요? 그것은 ①원자재 가격 변화 ②자연재해, 파업, 정부 규제 등 불가항력적 요인 발생 ③제품 재고 과부족 ④공급 및 수요 변화 ⑤인건비 상승 등 다양한 요인으로 발생하고 있습니다.

기업은 이러한 가격 변동 요인에 민첩하게 대응해야만 손실을 줄이고 이익을 늘릴 수 있습니다. 달리 말하면 기업은 경영환경 변화에 적극적으로 대처해 나가야만 지속 성장을 기대할 수 있습니다.

다음 예문은 수입회사가 원자재 가격 하락 등으로 제품 단가 인하를 요청할 때 사용하는 영어 표현입니다.

A: Do you want to negotiate the price of this product again?

B: Mr. Jo, we couldn't go any further into our negotiation last month because of unit prices.

A: No, Mr. Jackson. Did you ask us to go into our price terms again to see what we can do in the way of unit price reduction?

B: Yes, I did. You said you would.

A: Yes, you wanted us to cut that at least 5 percent, if I remember correctly.

B: That's right.

A: You're asking us to get down to around 50 dollars, aren't you? We'll certainly try to close a deal, Mr Jackson.

B: I hope so. Thank you.

- go further into: 더 진전시키다, 더 들어가다, 더 조사하다
- price terms: 가격 조건
- price reduction: 가격 인하, 가격 감축
- get down to: ~로 내리다, ~을 시작하다, ~에 착수하다
- close a deal: 거래를 맺다. 거래가 성사되다

A: 이 제품의 가격을 다시 협상하시겠습니까?

B: 조 씨, 지난달 단가 때문에 협상을 더 이상 진행할 수 없었습니다.

A: 네, 잭슨 씨. 단가 인하를 위해 우리가 할 수 있는 일이 무엇인지 다시 한번 검토해 달라고 요청하셨습니까?

B: 네, 그랬습니다. 당신은 그렇게 할 거라고 하셨습니다.

A: 네, 제 기억이 맞다면 귀사는 적어도 가격을 5% 인하하길 원하셨습니다.

B: 맞습니다.

A: 50달러 정도로 깎아달라는 말씀이시죠? 거래를 확실히 성사시키도록 노력하겠습니다, 잭슨 씨.

B: 그랬으면 좋겠습니다. 감사합니다.

대금 결제 촉구

매출채권이란 기업이 상품을 판매하거나 용역을 제공하는 과정에서 발생한 채권을 말합니다. 회계상 매출채권은 현금, 외상매출금, 받을어음 등으로 구성되어 있습니다.

그런데 영업 활동 중에서 매출채권 관리는 어쩌면 가장 중요한 요소가 아닐까요. 왜냐하면 온갖 비용을 들여 제품을 생산해서 판매하였는데 원하는 시기에 대금을 회수하지 못한다면 회사 운영에 큰 문제가 발생하기 때문입니다.

특히 대금 회수를 일정 기간 유예해 주는 외상 거래를 할 때는 구매회사의 신용도에 따라 대금 회수 여부가 결정되기 때문에 상당한 주의가 필요합니다.

국제 상거래의 경우 수출회사는 이러한 대금 회수 위험을 피하고자 현금 결제나 신용장 발행을 통한 결제를 선호하고 있습니다.

다음 예문은 수출회사가 결제 지연된 매출 채권의 지급을 수입회사에 촉구하는 서신을 전할 때 사용하는 영어 표현입니다.

This is just a reminder about an overdue payment. If there is any difficulty or specific situation we should be aware of, we would like to know it. We may be able to work it out.

- a reminder about: ~에 대해 다시 언급해 주기
- overdue payment: 연체 대금, 체납금
- work it out: ~을 해결하다 (=solve)

해석 1

이것은 단지 지불 기한이 지난 금액(연체 대금)에 대한 알림입니다. 만약 당사가 알아야 할 어려움이나 구체적인 상황이 있다면 그 내용을 알고 싶습니다. 당사가 문제를 해결할 수도 있습니다.

예문 2

I'd like to remind you that your payment of USD 10,000 is now 30 days overdue. If we do not receive payment by tomorrow, we will have to start legal proceedings.

- legal proceedings: 법적 절차, 소송 절차, 법적 수속

해석 2

현재 귀사의 미화 10,000달러 지불이 30일 연체되었음을 알려드립니다. 당사로서는 내일까지 지불금을 받지 못하면 법적 절차를 착수할 수밖에 없습니다.

We are writing to you to remind that the payment of the order 123 is now overdue. Despite our several requests, we have not been successful in collecting the outstanding balance from your company. If full payment is not received within the next 10 days, we will have to suspend your account and turn it over to a collection agency.

- outstanding balance: 미지금 외상 잔액, 연체 금액
- collection agency: 채권추심 회사, 미수금 처리 회사

 해석 3

당사는 주문번호 123의 대금이 지금 연체되었음을 알려드립니다. 여러 번의 요청에도 불구하고, 당사는 귀사로부터 미지급 잔액을 회수하지 못했습니다. 앞으로 10일 이내에 전액을 받지 못하면, 당사는 귀사의 계좌를 정지시키고 채권회수 대행업체에 넘길 것입니다.

대금 결제 독촉

　기업 경영에 있어 자금은 생물체의 혈액과 같기 때문에 충분한 자금 확보를 기반으로 사업을 추진해 나가야만 지속 가능한 기업이 될 수 있습니다.

　자금은 주로 영업 활동을 통해 마련되는데, 기한 내에 판매 대금을 회수하지 못하면 기업 운영에 상당한 어려움을 겪을 수 있습니다. 특히 국제 상거래에서 대금 결제를 원활하게 받기 위해서는 환어음, 상업 송장, 포장명세서 등의 서류를 작성하는 방법과 단계별 대금 회수 기법을 터득하고 있어야 합니다.

　대금 결제가 기한 내에 이루어지지 않아 송금 촉구 서신을 보낼 때는 채무자의 반응 정도에 따라 정중하게 요청하는 수준에서 점차 강력한 법적 조치를 취하겠다는 의지를 전달하는 단계로 주의를 환기시켜 나가야 대금 회수 가능성을 높일 수 있습니다.

　다음 예문은 지연된 대금에 대하여 다시 조속한 결제를 독촉할 때 사용하는 영어 표현입니다.

Though we have reminded you in our letter of 25th, March of the overdue balance of your account, we have so far not received your payment. We are unable to keep this balance open any longer and must receive payment of the amount of US$ 5,000 by the 10th of April at the latest.

- remind A of B: A에게 B를 상기시키다, 알려주다
- overdue balance: 미지급 잔액, 연체 잔액
- be unable to: ~할 수 없다, ~할 능력이 없다.
- keep this balance open: 이 잔액을 미해결 상태로 두다 (=stay this balance outstanding)
- at the latest: 늦어도

 해석

지난 3월 25일 자 서신에서 귀사의 대금 잔액이 연체되었음을 알려 드렸으나, 지금까지 결제받지 못했습니다. 당사는 이 잔고를 더 이상 미해결 상태로 둘 수 없으며 늦어도 4월 10일까지는 미화 5,000달러의 대금을 받아야 합니다.

클레임 제기와 해결 요구

클레임(Claim)이란 무역거래에서 수출상 또는 수입상이 매매계약 조항에 대한 위반행위에서 발생하는 불평이나 불만 또는 의견 차이 등을 상대방에게 제기하는 것을 말합니다.

다시 말하자면 클레임은 상품 거래에서 거래의 상대방이 품질 불완전, 수량 부족, 물품 손상, 그 밖의 계약 위반 등을 하였을 때 상대방에 대하여 손해 배상 청구나 이의를 제기하는 것입니다.

클레임의 수준에 따라 가격 인하 또는 인상 요구에서 계약 해제, 손해 배상 청구, 나아가 무역 분쟁으로까지 번질 수 있습니다.

따라서 클레임을 예방하기 위해서는 계약 사항을 철저히 숙지하고 품질 또는 서비스 수준을 높이는 등 만반의 준비가 필요합니다.

다음 예문은 클레임이 발생하여 문제를 제기하고 해결을 요구할 때 사용하는 영어 표현입니다.

예문 1

We would like to draw your attention to our order No. 123 which has not reached us yet. The delayed delivery has already affected our sales. Unless we receive immediate delivery, we'll cancel our order and seek refund.

해석 1

아직 도착하지 않은 주문번호 123에 주목해 주세요. 지연된 배송이 이미 당사의 매출에 영향을 끼쳤습니다. 즉시 배송을 받지 않으면 주문을 취소하고 환불을 요청하겠습니다.

예문 2

Unfortunately, we have not received our order as of today. We are receiving inquiries and complaints from our customers. Unless our order is delivered by December 22, we will have to cancel it.

해석 2

유감스럽게도, 당사는 오늘까지 주문품을 받지 못했습니다. 당사의 고객들로부터 문의와 항의를 받고 있습니다. 12월 22일까지 주문품이 배송되지 않으면 주문을 취소하겠습니다.

예문 3

We received the wrong size. Please send us the right size immediately. I am returning the already delivered merchandise.

해석 3

당사는 사이즈를 잘못 받았습니다. 맞는 사이즈를 즉시 보내 주세요. 당사는 이미 배송된 상품을 반품하고자 합니다.

26 클레임 처리

클레임(Claim)은 매매당사자 중 어느 일방이 매매계약 조항을 불이행하거나 위반함으로써 상대방에게 손해를 입힐 경우 손해를 입은 당사자가 제기하는 금전적 손해배상 또는 기타의 청구 등을 의미합니다. 클레임의 해결 방법은 두 가지, 즉 당사자 간의 해결 방법과 제3자가 개입하여 해결하는 방법이 있습니다.

당사자 간의 해결 방법은 청구권 포기(Waiver of claim)와 타협과 화해(Compromise, Amicable settlement) 등이 있고 제3자 개입에 의한 해결 방법은 알선(Intermediation), 조정(Mediation), 중재(Arbitration), 소송(Lawsuit) 등이 있습니다.

국제 무역에서 타협과 화해 등을 통해 클레임을 해결하면 좋겠지만 불가피하게 제3자 개입에 의해 문제를 해결하는 경우에는 국제법적 효력을 갖는 중재 제도를 활용하는 편이 효과적인 방법이 될 수 있습니다.

다음 예문은 수출회사가 물품 배송 지연, 취급 부주의 등의 문제가 발생하여 수입회사로부터 클레임을 당했을 때 양 당사자 간에 문제를 해결하기 위해 사용하는 영어 표현입니다.

예문 1

We are sorry that we are unable to fulfill your order by the requested delivery date. We hope you have not been seriously inconvenienced by the delay. I assure you that this kind of mistake will never happen again.

해석 1

요청하신 배송 날짜까지 귀사의 주문을 이행할 수 없어 죄송합니다. 지연으로 인해 심각한 불편을 겪지 않으셨기를 바랍니다. 다시는 이런 실수가 발생하지 않을 것임을 약속드립니다.

예문 2

We have found that the goods were damaged due to malhandling by the carrier. Please accept our sincere apologies for the damaged items. We will do everything possible to prevent such a mistake in the future.

해석 2

당사는 운송업체의 취급 부주의로 인해 상품이 손상된 것을 확인했습니다. 파손된 물품에 대해 진심으로 사과드립니다. 앞으로 이러한 실수가 없도록 최선을 다하겠습니다.

예문 3

I'm sorry for the delayed shipment. We would give a 20% discount if you could accept the merchandise as it is. I hope this discount will compensate in part for the trouble we have caused you.

해석 3

배송이 늦어져서 죄송합니다. 귀사가 상품을 있는 그대로 받아 주시면 20% 할인해 드리겠습니다. 이 할인이 귀사에 끼친 문제를 부분적으로 보상하기를 바랍니다.

주요 무역 용어

1) 카운터 오퍼(Counter Offer)

수입회사로부터 상품에 대한 결제 조건, 가격 등의 주문 사항을 문의해 오면 수출회사는 견적서, 카탈로그 등의 자료를 첨부해서 문의에 대한 감사 표시와 함께 주문 사항을 반영한 오퍼(Offer, 제안)를 합니다.

수입회사는 수출회사가 제시한 오퍼의 여러 조건을 검토한 후 수용하기 어려운 조건이 있으면 이를 변경하거나 추가하여 수출회사에 역으로 오퍼를 하는데, 이를 카운터 오퍼(Counter Offer)라고 합니다.

수출회사에 카운터 오퍼를 제시할 때는 오퍼에 대한 감사 표시와 함께 카운터 오퍼의 내용과 이유, 긍정적인 회신 요청 등을 포함하여 서신을 작성해야 수출회사가 카운터 오퍼를 받아들일 가능성이 높습니다.

다음 예문은 수입회사가 카운터 오퍼를 제시하는 서신을 수출회사에게 보낼 때 사용하는 영어 표현입니다.

Thank you very much for your offer.

As the result of our review on your offer dated March 1st, 2022, we would like to inform you our counter offer as follows.

1) Your offer price is around 5 percent higher than the market price here. We would, therefore, ask you to discount your price at the suggested level.

2) Time of shipment for the products is too late. Please shorten the time of shipment to second(2) months.

If you can agree to our proposal, we are prepared to make our order immediately. Please consider our counter offer positively as soon as possible.

We look forward to your favorable reply as soon as possible.

- review on: ~에 대한 검토 (=study on ~, examination on ~)
- time of shipment: 선적 시기, 선적 기간 (=period of shipment)
- agree to one's proposal: ~의 제안에 동의하다, 합의하다

귀사의 오퍼에 감사드립니다.

귀사의 2022년 3월 1일 자 오퍼를 검토한 결과, 다음과 같이 당사의 카운터 오퍼를 알려드립니다.

1) 귀사의 오퍼 가격은 이곳 시세보다 5% 정도 높습니다. 따라서 당사가 제안한 수준에서 가격을 할인해주실 것을 요청합니다.
2) 상품의 출하 시기가 너무 늦습니다. 선적 기간을 2개월로 단축해주시기를 바랍니다.

당사의 제안에 동의하신다면, 당사는 즉시 주문할 준비가 되어 있습니다. 즉시 당사의 카운터 오퍼를 긍정적으로 고려해주시기를 바랍니다. 조속하고 호의적인 회신을 기다리겠습니다.

2) 신용장(Letter of Credit)

　신용장(Letter of credit, L/C)은 의뢰인(수입회사)의 요청에 따라 개설은행이 발행한 문서로, 증서에서 요구하고 있는 서류가 증서의 여러 조건에 일치하고 또한 서류가 약정된 기간 내에 제시되는 한 개설은행이 수입회사와는 독립적으로 수익자(수출회사)에게 그 대금의 결제를 보증하는 일종의 지급보증서입니다.

　신용장은 다음과 같은 네 가지 특성이 있습니다.

　첫째, 신용장 발행의 원인이 된 수출회사와 수입회사 간의 매매계약과는 독립된 거래가 성립됩니다(Principle of independence: 독립성의 원칙).

　둘째, 은행은 서류만을 근거로 하여 수출회사의 신용장조건 이행 여부를 판단하기 때문에 서류가 위·변조되었다고 하더라도 이와 관련하여 면책됩니다(Abstraction of credit: 추상성).

　셋째, 제시된 서류가 위·변조되었거나 신용장 대금 지급 청구가 사기적인 경우에는 개설은행은 서류 매입은행에 대한 대금상환이나 수출회사의 지급 청구를 거절할 수 있습니다(Fraud rule: 사기적 청구 거절).

　넷째, 은행은 실질적인 서류심사를 부정하는 입장을 취하고 있기 때문에 신용장 조건에 엄밀히 일치하지 않는 서류를 거절할 수 있는 권리를 가지고 있습니다(Doctrine of substantial compliance: 상당일치의 원칙).

　신용장통일규칙(The Uniform Customs and Practice for Documentary Credits, UCP)에서 정한 신용장의 요건을 갖추려면 지급보증 문구, 제시 서류, 취소 가능 여부, 신용장 이용 방법 및 이용 은행, 유효 기일, 서류제시 기간, 지급확약 문언 등을 신용장에 기재해야 합니다.

아래 예문은 국제 상거래에서 자주 사용하는 신용장 내용에 관한 간 단한 영어 표현입니다.

예문

Letter of credit(L/C) is a letter from a bank guaranteeing that a buyer's payment to a seller will be received on time and for the correct amount. In the event that the buyer is unable to make a payment on the purchase, the bank will be required to cover the full or remaining amount of the purchase. Due to the nature of international dealings, including factors such as distance, differing laws in each country, and difficulty in knowing each party personally, the use of letters of credit has become a very important aspect of international trade.

해석

신용장은 구매자가 판매자에게 지불한 금액이 정시에 정확한 금액으로 수령될 것임을 보증하는 은행의 증서이다. 구매자가 구매에 대해 지불할 수 없는 경우 은행은 구매의 전체 또는 나머지 금액을 부담해야 한다. 거리, 국가마다 다른 법 률, 당사자 간 정보 부족 등의 요인을 포함한 국제 거래의 특성으로 인해 신용 장 사용은 국제 무역에서 매우 중요한 측면이 되어가고 있다.

3) 상업송장(Commercial Invoice)

상업송장(Commercial Invoice)은 매도인(수출회사) 입장에서는 거래 상품에 관한 중요사항을 상세히 기입한 화물의 명세서이자 그 상품의 대금, 수량 등 주요 가격 구성 요소를 기재한 계산서 겸 대금청구서입니다.

다시 말하면 수출회사가 직접 작성하는 상업송장은 거래명세서, 대금청구서, 수출입통관 기초 서류, 그리고 운송보험 기초 서류라고 할 수 있습니다. 반면 매수인(수입회사) 입장에서는 상업송장이 수입 화물에 대한 매입계산서이자 수입통관 기초 서류라고 할 수 있습니다.

또한 상업송장은 수출화물의 선적과 계약이행의 증명이 되는 선적서류 가운데 중요서류로 분류되므로 각 항목을 명확하고 상세히 기재해야 합니다.

실무 담당자가 상업송장에 아래와 같은 사항들을 정확하게 기재해야만 수입회사에게 화물의 안전한 수령이 가능할 것입니다.

- Shipper/Exporter: 수출자명, 주소
- Invoice No. & Date: 송장 번호 및 발행일, 특히 신용장 유효기일 내 발행
- Consignee: 수하인(화물 수령인), 주로 수입자와 동일
- Buyer(if other than consignee): 수입자와 수하인이 다를 경우 수입자를 기재, 특히 신용장 방식에서 다를 수 있음
- Departure date: 출발일, 특히 신용장 유효기일 내 출발

- Vessel/Flight: 선박명/비행기명

- From: 출발지(선적항)

- To(Destination): 도착지(목적지)

- Terms of delivery and payment: 인도 및 지불조건

- Other reference: 기타 참고사항(원산지나 신용장 내용 등을 기재)

- Marks & Numbers of PKGS: 하인 및 패키지 수

- Description of Goods: 상품 명세

- Quantity: 수량

- Unit price: 단가

- Amount: 총금액(수량×단가)

- Signed by: 발행자 서명

4) 해상적하보험(Marine Cargo Insurance)

해상적하보험(Marine Cargo Insurance)은 배로 운송하는 화물이 운송 중에 일어나는 사고로 손실, 멸실 등의 손해를 입었을 경우 이를 보상하는 해상보험을 말합니다.

선하증권(Bill of Lading, B/L) 약관상 운송인은 화물 운송 중 운송인의 취급 부주의로 인한 상업 과실(Commercial Loss)에 대해서만 화주에게 손해배상 책임을 지며, 운송인이 좌우할 수 없는 해상손해(Marine Loss)에 대해서는 면책된다고 규정하고 있습니다.

따라서 화주는 발생할지도 모를 해상손해를 보상받기 위해서는 해상적하보험을 부보하여야 합니다. 만약 손해가 생기면 보험을 인수한 보험회사가 그 손해를 미리 정해진 방법과 범위 안에서 보상하기 때문입니다.

보험증권은 선하증권의 발행에 앞서 통상 2부가 발행되며, 이는 선적서류, 선하증권, 상업송장 등과 함께 대금결제의 수단으로 사용됩니다. 보험증권에 반드시 기재되어야 하는 사항으로는 담보 위험 범위, 보험금액, 보험료, 지급 방법, 보험 조건 등이 있습니다.

주로 담보되는 위험은 ① 본선의 침몰, 좌초, 화재, 폭발로 인한 손해 ② 물 이외의 물체와의 충돌 등으로 인한 손해 ③ 선적, 하역, 환적 중의 손해 등이 있습니다.

다음 예문은 수출회사가 보험회사에 해상적하보험을 청약할 때 사용하는 영어 표현입니다.

This is to confirm our instructions via telephone yesterday. As documents enclosed, we shall be pleased if you will effect insurance for us subject to ICC(B) on US\$ 20,000 value of 100 hairdryers, to be shipped by "Top" from Incheon port to San Francisco port on or about April 15. We hope you send us the insurance policy, together with the statement of premium due soon.

- instructions via: ~을 통한 지시, 안내, 설명
- effect insurance: 보험에 들다 (=take out insurance)
- subject to: ~을 조건으로 하여, ~을 받아야 하는
- on or about: ~ 경, ~ 무렵 (=approximately)
- statement of premium due: (지불)예정 보험료 명세서

 해석

어제 전화로 했던 당사의 지시사항을 확인하기 위함입니다. 동봉한 서류와 같이, 귀사가 4월 15일경 인천항에서 샌프란시스코항으로 가는 Top호에 선적될 ICC(B) 적용 조건의 헤어드라이어 100개 금액 \$20,000에 대해 당사를 수익자로 하는 보험을 들어주시면 좋겠습니다. 보험증서와 함께 곧 납부 예정 보험료 명세서를 보내주시기를 바랍니다.

5) 선하증권(Bill of Lading)

무역에서 선하는 lading, freight, cargo 등의 의미로, '선박에 실은 물품(articles that are carried by ship)을 말합니다.

선하증권(Bill of Lading, B/L)은 수출회사와 선박(운송)회사 간 해상운송계약에 의하여 선박회사가 그 화물을 수령하였다는 것을 증명하는 외에, 도착항에서 일정 조건하에 수입회사 또는 그 지시인에게 화물인도를 약정한 유가증권입니다.

그럼 선하증권은 어떤 역할을 할까요? 우선, 선박회사에 인도된 물품의 수령증입니다. 둘째, 증권의 소유자나 피배서인이 해당 상품의 인도를 주장할 수 있는 권리증권입니다. 마지막으로, 선사와 수출회사 간 운송계약 체결을 증명하는 계약증서입니다.

수하인 표시 방법에 따라 기명식 선하증권(Straight B/L), 지시식 선하증권(Order B/L), 백지식 선하증권(Bearer B/L) 등으로 분류됩니다.

기명식 B/L은 수하인이 표시되어 유통이 불가능하며, 사전에 송금받은 경우 이외에는 이용하지 않는 것이 안전합니다. 지시식 B/L은 배서를 통하여 유통이 가능하며, "To order of ABC bank", "To order of shipper" 등의 형식으로 지시인이 표시되는 방식입니다.

다음 예문은 국제 상거래에서 자주 사용되는 선하증권의 개념을 설명하는 영어 표현입니다.

예문

The most common negotiable document in trade contract is the bill of lading, called as B/L. B/L is a receipt given by the shipping company to the shipper. B/L serves as document of title and specifies who is to receive the merchandise at the designated port. In a straight B/L, the seller consigns the goods directly to the buyer. This type of bill is usually not desirable in a letter of credit transaction, because it allows the buyer to obtain possession of the goods directlly.

- negotiable document: 양도 가능한 문서, 유통 가능한 문서
- credit transaction: 신용장 거래, 신용 거래
- serves as: ~의 역할을 하다, ~로서 도움이 되다

 해석

무역계약에서 가장 많이 사용되는 유가증권은 B/L이라고 하는 선하증권이다. 선하증권은 운송회사가 화주에게 제공하는 영수증이다. 선하증권은 권리증권의 역할을 하며 지정된 항구에서 상품을 수령할 사람을 지정한다. 기명식 선하증권에서는 판매자가 구매자에게 직접 상품을 인도한다. 이러한 유형의 증권은 구매자가 상품을 직접 소유할 수 있도록 하므로 일반적으로 신용장 거래에서는 바람직하지 않다.

회사 부서별 용어

발신인이 거래처에 서신을 보낼 때 담당자(수신인)가 어느 부서에서 일하는지 알아야 하고, 또한 수신처에 담당 부서를 정확하게 기재해야 제대로 된 문서 교환이 가능합니다.

회사마다 부서 용어를 달리 적용하는 경우도 있습니다만 보통 아래와 같이 부서 용어를 사용하고 있습니다.

아래 예문은 일반적으로 본사(Head Office) 건물에 집결된 개별 부서를 나타내는 영어 명칭입니다.

- 사장실: Office of president, CEO / President's office
- 비서실: Secretariat / office of secretariat
- 기획실: Planning department
- 인사부: Personnel department
- 인력개발부: Human resources department
- 경리부: Accounting department
- 재무부: Financial department / General accounting department
- 생산부: Production department
- 총무부: General affairs department
- 국내영업부: Domestic sales department

- 해외영업부: Overseas sales department

- 해외사업부: Overseas operations department

- 영업관리부: Sales administration department / Sales department

- 자재부: Materials department

- 구매부: Purchasing department / Procurement department

- 생산관리부: Production control department

- 품질관리부: Quality control department / Quality assurance department

- 고객지원부: Customer support department

- 홍보부: Public relations department

- 연구개발부: Research and development department

- 물류부: Logistics department

- 광고부: Advertising department

- 사후관리부: After-sales department

인코텀즈 2020 규칙

인코텀즈(Incoterms·International Commercial Terms)는 국제상업회의소(ICC)가 규정하는 무역거래 조건의 해석에 관한 국제 규칙(International Rules for the Interpretation of Trade Terms)을 말합니다.

Incoterms는 수출입 분야에 종사하는 사람들이 자주 사용하는 언어이자 중요한 기준이 되고 있습니다. 특히 2020년도에 개정된 Incoterms 2020은 일반 물품의 인도에 대해 매도인과 매수인의 의무조항을 10가지 소항목으로 분류하여 매매당사자들의 의무를 분명히 하고 있습니다.

Incoterms 2020은 ①매매당사자들의 일반적 의무 ②인도 ③위험의 이전 ④운송 ⑤보험 ⑥인도, 운송서류 ⑦수출입통관 ⑧점검, 포장, 화인 ⑨비용 분담 ⑩통지 등 10개 항목으로 구성되어 있습니다.

다만 Incoterms는 국제 거래에서 취급되는 물품의 책임과 위험에 관한 국제 표준을 지향하는 해석 규칙일 뿐이므로 국제법이나 조약처럼 구속력이 없습니다. 즉 Incoterms는 법적 구속력을 지닌 국제조약(Convention)이 아니라 일종의 임의 규칙이므로 매매당사자 간의 합의로서만 이러한 규칙을 사용할 수 있다는 것을 의미합니다.

그렇기 때문에 계약 당사자가 다른 내용으로 특별한 약정을 체결한 경우에는 약정한 내용이 Incoterms보다 우선 적용됩니다.

Incoterms는 협상을 통해 정해야 하는 조건들이 잘 정리되어 있어 거의 모든 계약에서 자주 적용되는 규칙입니다.

따라서 Incoterms 내용에 대해 정확한 이해가 부족하면 그만큼 손해를 볼 가능성이 있으므로 계약 당사자들은 이를 반드시 숙지할 필요가 있습니다. 실제로 실무 담당자들이 이러한 규칙을 명확히 숙지해 놓으면 계약 체결을 준비할 때나 체결 후 예상되는 분쟁의 해결에 많은 도움이 될 것입니다.

현재 국제 상거래에서 Incoterms 2020 규칙이 적용되고 있으므로 여기서는 이 규칙과 관련하여 운송방식에 따라 분류된 11개 정형거래 조건에 관한 구체적인 내용을 기술하겠습니다.

1) EXW (Ex Works, 공장 인도 조건)

① 매도인이 약정된 물건을 자신의 영업장 구내(premises) 또는 지정 장소(Works, Warehouse 등)에서 지정된 기간 내에 매수인이 임의로 처분할 수 있도록 적치함으로써 그 의무를 완수하는 거래 조건임["Ex Works" means that the seller delivers the goods to the buyer
▶ when it places the goods at the disposal of the buyer at a named place (like a factory or warehouse), and ▶ that named place may or may not be the seller's premises]
② 매도인의 최소 의무 부담 조건으로, 11가지 무역거래 조건 중 매

도인의 위험과 비용부담이 가장 적은 조건임

③ 육로, 해상, 복합 등 모든 운송방식에서 사용할 수 있음[This rule may be used irrespective of the mode or modes of transport, if any, selected]

④ 매도인은 물품의 적재, 통관, 운송인의 선정 등에 관한 어떠한 책임도 지지 않음

⑤ 운송비 및 보험료는 매수인이 부담함[The costs and risk transfer to the buyer on delivery]

⑥ 국제 거래보다는 수출입 통관이 별도로 필요하지 않은 '국내 거래'에 보다 더 적합한 조건임[EXW may be suitable for domestic trades, where there is no intention at all to export the goods]

⑦ 국제 거래의 경우로서 매수인이 직·간접적으로 수출 통관 절차를 이행할 수 없을 때는 사용 불가함

⑧ 국제 거래에 대하여는 EXW 조건 대신에 FCA 조건을 사용하는 것을 권장함[Where the buyer is keen to avoid to any risk during loading at the seller's premises, then the buyer ought to consider choosing the FCA rule]

2) FCA (Free Carrier, 운송인 인도 조건)

① 수출 통관 절차를 마친 후 지정된 장소에서 매수인이 지정한 운송인(또는 다른 당사자)에게 물품을 인도함으로써 그 의무를 다

하는 조건임[FCA means that the seller delivers the goods to the buyer in one or other of two ways. First, when the named place is the seller's premises, the goods are delivered ▶ when they are loaded on the means of transport arranged by the buyer. Second, when the named place is another place, the goods are delivered ▶ when, having been loaded on the seller's means of transport, they reach the named other place and ▶ are ready for unloading from that seller's means of transport and ▶ at the disposal of the carrier or of another person nominated by the buyer]

② 매도인이 영업구 내에서 물품을 인도하는 경우에 당사자는 그 영업장의 주소를 지정 인도 장소로 명시해야 하며, 다른 어떤 장소에서 물품을 인도하는 경우에 당사자는 그러한 다른 인도 장소를 명시해야 함

③ 복합 운송을 포함하여 모든 운송 방식에 사용할 수 있음

④ 운송비 및 보험료는 매수인이 부담함

⑤ 물품의 수출 통관 절차는 해당되는 경우에 매도인이 하여야 함. 하지만 매도인은 수입 또는 제3국을 통한 환적을 위한 물품의 통관 의무가 없으며, 수입 관세를 부담하거나 수입 통관 절차를 수행할 의무가 없음[FCA requires the seller to clear the goods for export, where applicable. However, the seller has no obligation to clear the goods for import or for transit through third countries, to pay any import duty or to carry out any import customs formalities]

3) FAS (Free Alongside Ship, 선측 인도 조건)

① 매도인이 물품의 수출통관 절차를 마친 후 지정된 선적항에서 매수인이 지명한 선박(본선)의 선측(Alongside Ship)에 물품을 인도하거나 이미 그렇게 인도된 물품을 조달함으로써 그 의무를 다하는 거래 조건임[FAS means that the seller delivers the goods to the buyer ▶ when the goods are placed alongside the ship (e.g. on a quay or a barge) nominated by the buyer at the named port of shipment or ▶ when the seller procures goods already so delivered]

② 오직 해상 운송이나 내수로 운송의 경우에만 사용되어야 함

③ 선측이라 함은 본선의 크레인 등 하역 도구가 도달(작업)할 수 있는 거리의 장소를 말함

④ 당사자는 지정 선적항 내의 적재 지점을 가급적 명확하게 명시하는 것이 바람직함

⑤ 운송비 및 보험료는 매수인이 부담함

⑥ 곡물, 원목, 원면 등 대량의 Bulk 화물에 주로 이용

⑦ 물품이 컨테이너에 적재되는 경우에는 매도인이 물품을 선측이 아니라 보통 터미널에서 운송인에게 교부하므로 이 규칙은 부적절하며 FCA 규칙이 사용되어야 함[FAS rule is not appropriate where goods are handed over to the carrier before they are alongside the vessel, for example where goods are handed over to a carrier at a container terminal. Where this is the case, parties should consider using the FCA rule rather than the FAS]

⑧ FAS에서 매도인은 해당되는 경우에 물품의 수출통관을 하여야 함
[FAS requires the seller to clear the goods for export, where applicable]

4) FOB (Free On Board, 본선 인도 조건)

① 매도인은 지정선적항에서 매수인이 지명한 선박에 물품을 적재하여 매수인에게 인도하거나 이미 그렇게 인도된 물품을 조달함으로써 그 의무를 다하는 조건[FOB means that the seller delivers the goods to the buyer ▶ on board the vessel ▶ nominated by the buyer ▶ at the named port of shipment ▶ or procures the goods already so delivered]

② 물품의 멸실 또는 훼손의 위험은 물품이 선박에 적재된 때에 이전하고, 매수인은 그 순간부터 향후의 모든 비용을 부담함[The risk of loss of or damage to the goods transfers when the goods are on board the vessel, and the buyer bears all costs from that moment onwards]

③ 매도인은 매수인에 대하여 운송계약과 보험계약을 체결할 의무가 없음[The seller has no obligation to the buyer to make contracts of carriage and insurance]

④ 매도인은 해당되는 경우에 물품의 수출통관을 하여야 하나, 매도인은 물품의 수입을 위한 또는 제3국 통과를 위한 통관을 하거나 수입관세를 납부하거나 수입통관 절차를 수행할 의무가 없음

⑤ 물품이 컨테이너에 적입되어 운송되는 경우에 매도인은 보통 컨테이터 터미널에서 운송인에게 화물을 인도하므로 FOB 조건이 아닌 FCA 조건을 사용하여야 함[FOB rule is to be used only for sea or inland waterway transport where the parties intend to deliver the goods by placing the goods on board a vessel. Thus, the FOB rule is not appropriate where goods are handed over to the carrier before they are on board the vessel, for example where goods are handed over to a carrier at a container terminal. Where this is the case, parties should consider using the FCA rule rather than the FOB rule]

5) CFR (Cost and Freight, 운송 포함 인도 조건)

① 매도인이 물품을 본선에 적재하여 인도하거나 이미 그렇게 인도된 물품을 조달함으로써 그 의무를 다하는 조건임[CFR means that the seller delivers the goods to the buyer ▶ on board the vessel ▶ or procures the goods already so delivered]

② 물품의 멸실 또는 손상의 위험은 물품이 본선에 적재되는 때에 이전함

③ 매도인은 물품을 지정 목적항까지 운송하는 데 필요한 계약을 체결하고 그에 따른 비용과 운임을 부담하여야 함

④ 운송비는 매도인이 부담하고 보험료는 매수인이 부담함

⑤ 오직 해상운송이나 내수로 운송의 경우에만 사용되어야 함

⑥ 매도인은 수입 관세 등을 부담하거나 수입 통관 절차를 수행할 의무는 없음

6) CIF (Cost, Insurance and Freight, 운임·보험료 포함 인도 조건)

① 매도인이 물품을 본선에 적재하여 인도하거나 이미 그렇게 인도된 물품을 조달함으로써 그 의무를 다하는 조건임[CIF means that the seller delivers the goods to the buyer ▶ on board the vessel ▶ or procures the goods already so delivered]

② 선적항에서 본선상에 적재되는 시점부터 물품에 대한 모든 위험과 추가적인 비용 부담이 매수인에게 이전됨

③ 지정된 목적항까지 물품을 운반하는 데 필요한 운송비와 보험료는 매도인이 부담

④ 보험 계약 체결과 관련하여 매도인은 매매계약 가격의 110% 이상에 대하여 최소 담보 조건으로 보험에 가입해야 함

⑤ 이 규칙은 오직 해상 운송이나 내수로 운송의 경우에만 사용되어야 함

7) CPT (Carriage Paid To, 운송비 지급 인도 조건)

① 매도인이 자신과 계약을 체결한 운송인에게 물품을 교부하거나

그렇게 인도된 물품을 조달함으로써 매수인에게 물품을 인도하고 위험을 이전하는 조건임[CPT means that the seller delivers the goods and transfers the risk-to the buyer ▶ by handing them over to the carrier contracted by the seller ▶ or by procuring the goods so delivered]

② 운송 방식을 가리지 않고 사용될 수 있으며 둘 이상의 운송 방식이 채택된 경우에도 사용될 수 있음

③ 매도인은 물품을 지정 목적지까지 운송하는 데 필요한 운송 비용을 부담함

④ 물품의 수출 통관 절차는 매도인이 하여야 하나, 수입 관세를 부담하거나 수입 통관 절차를 수행할 의무가 없음

8) CIP (Carriage and Insurance Paid to, 운송비·보험료 지급 인도 조건)

① 매도인이 자신과 계약을 체결한 운송인에게 물품을 교부하거나 그렇게 인도된 물품을 조달함으로써 매수인에게 물품을 인도하고 위험을 이전하는 조건임[CPT means that the seller delivers the goods and transfers the risk-to the buyer ▶ by handing them over to the carrier contracted by the seller ▶ or by procuring the goods so delivered]

② 이 규칙은 CPT(운송비 지급 인도 조건)에서 보험 가입 의무가 추가됨

③ 보험 계약 체결과 관련하여 매도인은 매매계약 가격의 110% 이상에 대하여 최대 담보 조건으로 보험에 가입해야 함

④ 운송 방식을 가리지 않고 사용될 수 있으며 둘 이상의 운송 방식
이 채택된 경우에도 사용될 수 있음
⑤ 지정된 목적지까지 물품을 운반하는 데 필요한 운송비와 보험료
는 매도인이 부담하되 물품이 지정된 장소에서 지정된 운송 당사
자에게 인도되는 시점부터 물품에 대한 모든 위험과 추가적인 비
용 부담이 매수인에게 이전되는 거래 조건임

9) DAP (Delivered At Place, 목적지 인도 조건)

① 물품이 지정 목적지에서 또는 지정 목적지 내에 어떠한 지점이
합의된 경우에는 합의된 지점에서 양하 준비가 된 도착 운송 수
단 위에 있는 상태로 매수인의 처분하에 놓인 때에 매도인이 매수
인에게 물품을 인도하고 위험을 이전하는 조건임[DAP means that
the seller delivers the goods-and transfers risk-to the buyer ▶ when the
goods are placed at the disposal of the buyer ▶ on the arriving means of
transport ready for unloading ▶ at the named place of destination or ▶
at the agreed point within that place, if any such point is agreed]
② 운송 방식을 가리지 않고 사용될 수 있으며 둘 이상의 운송 방식
이 이용되는 경우에도 사용될 수 있음
③ 매도인이 자신의 운송계약에 따라 목적지에서 양하에 관한 비용
이 발생한 경우에 당사자 간에 달리 합의되지 않는 한 매도인은
그러한 비용을 매수인으로부터 별도로 상환받을 권리가 없음

④ 이 규칙에서 매도인은 해당되는 경우에 물품의 수출 통관 절차를 이행하여야 함. 매도인은 물품의 수입을 위한 또는 인도 후 제3국 통과를 위한 통관을 하거나 수입 관세를 납부하거나 수입 통관 절차를 수행할 의무는 없음

⑤ 당사자 간에 매도인이 물품을 수입 통관하고 수입 관세를 부담하여 수입 통관 절차를 수행하도록 원하는 때에는 DDP가 사용되어야 함

10) DPU (Delivered At Place Unloaded, 도착지 양하 인도)

① 물품이 지정 목적지에서 또는 지정 목적지 내에 어떠한 지점이 합의된 경우에는 합의된 지점에서 도착 운송 수단으로부터 양하된 상태로 매수인의 처분하에 놓인 때에 매도인이 매수인에게 물품을 인도하고 위험을 이전하는 조건임[DPU means that the seller delivers the goods-and transfers risk-to the buyer ▶ when the goods, ▶ once unloaded from the arriving means of transport, ▶ are placed ▶ at the disposal of the buyer at the named place of destination or ▶ at the agreed point within that place, if any such point is agreed]

② 운송 방식을 가리지 않고 사용될 수 있으며 둘 이상의 운송 방식이 이용된 경우에도 사용될 수 있음

③ 이 규칙에서 매도인은 해당되는 경우에 물품의 수출 통관 절차를 이행하여야 함. 매도인은 물품의 수입을 위한 또는 인도 후 제3국

통과를 위한 통관을 하거나 수입 관세를 납부하거나 수입 통관
절차를 수행할 의무는 없음

④ 매도인이 양하의 위험과 비용을 부담하기를 원하지 않는 경우에
는 DPU를 피하고 그 대신 DAP를 사용하여야 함

⑤ 매도인은 물품을 해당 목적지 또는 지점까지 운송하는 계약을 체
결하거나 그러한 운송을 마련하여야 함

11) DDP (Delivered Duty Paid, 관세 지급 인도 조건)

① 물품이 지정 목적지에서 또는 지정 목적지 내에 어떠한 지점이
합의된 경우에는 합의된 지점에서 수입 통관 후 도착 운송 수단
에 실어둔 채 양하 준비된 상태로 매수인의 처분하에 놓인 때에
매도인이 매수인에게 물품을 인도함으로써 그 의무를 다하는 조
건임[DDP means that the seller delivers the goods to the buyer when the
goods are placed at the disposal of the buyer ▶ cleared for import ▶ on
the arriving means of transport ▶ ready for unloading ▶ at the named
place of destination or at the agreed point within that place, if any such
point is agreed]

② 매도인은 물품을 지정목적지까지 또는 지정목적지 내의 합의된
지점까지 가져가는데 관련되는 모든 위험을 부담함

③ 운송 방식을 가리지 않고 사용될 수 있으며 둘 이상의 운송 방식
이 이용된 경우에도 사용될 수 있음

④ 매도인은 해당되는 경우에 물품의 수출 통관, 수입 통관, 수입 관세 납부, 모든 통관 절차를 수행하여야 함[DDP requires the seller to clear the goods for export, where applicable, as well as for import and to pay any import duty or to carry out any customs formalities]

⑤ DDP는 인도가 도착지에서 일어나고 매도인이 수입관세와 해당 세금의 납부 책임을 지므로 11개의 인코텀즈 조건 중에서 매도인에게 최고 수준의 의무를 부과하는 규칙임

제3장

알기 쉬운 계약영어

I. 영문계약의 개요

표준국어대사전에서는 계약을 '관련되는 사람이나 조직체 사이에서 서로 지켜야 할 의무에 대하여 글이나 말로 정하여 둠. 또는 그런 약속'이라고 정의하고 있습니다.

그런데 법률 용어로서의 계약의 개념은 무엇인가요? 계약은 '법률적으로 집행할 수 있거나 달리 인정할 수 있는 의무를 창출하는 둘 이상의 당사자 간 약속이나 약속의 집합'으로, 사법상 일정한 법률 효과를 목적으로 하는 당사자 간의 의사표시 합치에 의한 법률행위입니다.

그러므로 계약 자유의 원칙 아래에서는 당사자들의 의도가 중요하다고 하겠습니다. 이에 따라 계약이 성립되었음을 증명하기 위하여 작성하는 서류가 계약서입니다.

법률상 계약 조건은 당사자들에게 특정한 방식으로 행동을 요구하거나 행동을 자제하도록 규율하는 사법(Private law)이 되지만, 법령 조항은 공법(Public law)이라고 불리는 국가 또는 공공단체의 규범입니다. 따라서 어느 한 당사자가 약속을 어길 때 '계약 위반'이라고 하지만, 법률 조항을 위반하면 '법 위반' 또는 '불법'이라고 말합니다.

A contract is a legally enforceable agreement that creates, defines, and governs mutual rights and obligations among its parties. A contract typically involves the transfer of goods, services, money, or a promise to transfer any of those at a future date. In the event of a breach of contract, the injured party may seek judicial remedies such as damages or rescission.

해석

계약은 당사자들 간의 권리와 의무를 창출하고, 정의하고, 규정하는 법적으로 집행할 수 있는 약속이다. 계약은 일반적으로 상품, 서비스, 금전의 이전 또는 미래 날짜에 그러한 것들을 이전하기로 하는 약속을 포함한다. 계약을 위반할 경우 피해 당사자는 손해배상이나 취소 등 사법적 구제를 청구할 수 있다.

2 계약 협상의 3요소

1) 첫번째는 협상자로서의 '사람'입니다.

국제 거래 계약을 위한 협상에서는 협상 상대자는 외국인이고 상대
자와의 소통은 영어로 이루어질 가능성이 높습니다. 그뿐만 아니라 변
호사나 기업의 법무 담당자 또는 경험 많은 해외 영업 실무자가 주로
협상 업무를 담당하기 때문에 협상의 기본은 사람입니다.

2) 둘째는 협상의 대상이 되는 '의제'입니다.

상대방과의 거래 의사를 확인하고 나면 이메일이나 전화로 기본적인
거래 조건에 대한 협의가 이루어집니다. 실무 담당자는 도출할 수 있
는 의제를 설정하고 그 의제들을 분류하는 작업을 수행합니다. 특히
의제 중에서도 쟁점이 될 수 있는 항목은 그에 대한 대안이 마련되어
야 합니다.

3) 마지막으로 협상의 목표로서의 '계약서'입니다.

협상이 잘 진행되어 어느 정도 합의가 이루어진 의제, 즉 거래 조건
은 반드시 회의록이든 조건 명세서든 또는 계약 문서든 어떤 형태로든
즉시 서면화하는 작업이 필요합니다.

그렇게 하면 이미 끝난 의제의 쟁점화를 방지하여 협상의 목표인 본
계약 체결에 쉽게 다다를 수 있습니다. 계약 체결 후에는 계약의 협상
과정과 결과를 모두 정리해 두면 미래의 협상에서 생산적인 결과를 얻
는 데 도움이 됩니다.

◆3◆ 계약 협상 전 준비 사항

협상 일정이 잡히면 미리 협상해야 할 내용에 대해 철저한 준비가 필요합니다. 협상 전의 준비 사항은 다음과 같습니다.

첫째, 협상의 우선순위를 정합니다. 실무 담당자는 상대방이 제시한 계약서 초안의 내용을 협상 항목의 중요도에 따라 아래의 순서대로 리스트를 작성하여 본 협상에 대비합니다.

- 대가를 치르더라도 반드시 얻어 내야 하는 사항
- 중요하지만, 상대의 일정한 양보가 있으면 우리도 양보할 수 있는 사항
- 상대측에서 반드시 얻어내고자 하는 사항
- 상대측이 양보할 수 있을 것으로 기대되는 사항

둘째, 핵심 내용을 검토합니다. 협상 전에 계약서 초안의 세밀한 검토는 아무리 강조해도 지나치지 않습니다. 계약 목적물, 결제 조건, 분쟁 해결 방법, 준거법 등의 핵심 내용을 검토하면서 계약의 의미, 계약 상대방의 의도, 발생할 수 있는 위험 등을 파악합니다.

상대방이 제시한 초안 계약서는 다음과 같은 항목을 활용하여 세밀하게 점검합니다.

- 용어 정의는 잘 되어 있는가?
- 상대방과 어떤 대가가 교환되는가?
- 대가를 교환하는 데 필요한 거래 조건은 무엇인가?
- 상대방이 계약 내용을 이행하지 않는 경우에는 어떤 대안이 있는가?
- 계약 상대방의 최종 결정권자는 누구인가?

다시 언급하자면 협상 전에 계약서의 세밀한 검토는 아무리 강조해도 지나치지 않습니다.

4 계약 협상할 때의 고려 사항

국제 상거래 계약을 정식 체결하기 전 당사자들 간에 많은 협상 과정을 거쳐야만 모두 만족하는 협상 결과물을 만들어낼 수 있습니다.

계약 체결 등 특정 목적에 부합되는 결정을 하기 위하여 쌍방 당사자가 모여 의논하는 절차를 거치는 데 이러한 과정을 계약 협상이라 합니다.

계약은 매매 등 특정한 거래에 대해 청약과 승낙의 과정을 거쳐 이루어지는 당사자 간의 의사 표시를 말합니다. 계약이 체결되면 공급과 구매 등의 대가 관계가 성립되어 일정한 법률 효과가 발생합니다.

실무 담당자가 계약 체결 목적의 협상을 성공적으로 끌어내기 위한 고려 사항은 다음과 같습니다.

1) 이번 계약을 통해 쌍방 당사자가 진정으로 얻고자 하는 것은 무엇인가?
2) 계약 협상 시 우리의 의견과 다른 조건에 대한 대안은 마련했는가?
3) 협상 담당자로서 계약 내용을 잘 이해하고 있는가?
4) 협상 상대방의 계약 체결을 위한 권한은 인정되는가?
5) 상대방의 계약 불이행 시 거래 조건별 조치사항은 계약서에 잘 규

정되어 있는가?

6) 분쟁 해결에 도움이 되는 준거법^{주)}, 관할법원 설정 등의 조항이 합리적으로 규정되어 있는가?

주) 국제 사법의 규정에 따라 일정한 국제적 법률관계를 규정하는 데에 준거가 되는 자국이나 외국의 법률

7) 계약 내용을 한 문장씩 면밀히 검토했는가?

특히 영어식 사고 구조는 우리와 다르기 때문에 영문 계약 내용의 해석에 상당한 주의가 필요합니다. 주어와 조동사, 명사의 형태, 문장 부호 등에 유의하여 계약 내용을 상세하게 검토해야 거래 후에 발생할지도 모를 분쟁을 예방할 수 있답니다.

II. 영문계약서 작성
기본 원칙

1) 체계적으로 작성합니다.

일정한 원칙에 따라서 각각의 부분이 짜임새 있게, 모순되지 않게 조직되어 통일된 전체를 이루도록 작성합니다. 즉 문장의 단어가 개별적으로는 중복됨이 없으며, 전체적으로는 부족함이 없는 상태(Mutually Exclusive and Collectively Exhaustive, MECE)의 온전한 문장을 작성해야 합니다.

2) 알기 쉽게 작성합니다.

계약의 당사자뿐만 아니라 제3자가 계약서를 보더라도 이해하기 쉽게 간결한 구조로 작성해야 합니다.

3) 명확하고 완전하게 작성합니다.

어떠한 사항을 규정하고자 하는 경우 한 곳에서 명확하고 완전하게 해당 사항을 규정하여야 합니다. 어떤 사항에 관한 내용이 여러 조항에 흩어져 있다면 나중에 해석상 문제를 초래할 수도 있기 때문입니다.

한 권으로 끝내는 무역영어, 이메일영어, 계약영어

4) 의미의 일관성을 준수합니다.

사용하는 용어나 문장은 하나의 의미만 갖도록 규정합니다. 조항마다 용어 해석의 혼란을 피하기 위해서는 의미를 분별해 주는 '정의 조항'을 활용하여 특정 용어를 잘 정리해 둡니다.

5) 가능한 한 단순하게 작성합니다.

당사자가 합의한 사항은 최소의 필요한 단어 수를 결합하여 간단하게 기술하여야 합니다.

6) 변경에 대응할 수 있는 계약서를 작성합니다.

중대한 사정 변경이 있지 않는 한 변경계약을 체결하지 않고도 상황 변화에 능동적으로 대처할 수 있는 계약서를 작성합니다.

7) 'shall', 'will' 등의 조동사를 올바로 사용합니다.

상대방을 법적으로 구속하고자 할 때는 'shall' 또는 'must'를 사용합니다. 따라서 법적 구속력을 강조하는 계약일 경우 외에는 'will', 'may' 등의 조동사를 사용할 수 있습니다.

Ⅲ. 영문계약서에
숫자, 날짜, 기간 쓰기

숫자 쓰기

영문 계약서에 숫자가 잘못 표기되어 있으면 어떤 문제가 생길까요? 상상만 해도 곤란한 일이 생길 것 같습니다. 계약서의 변경 요청뿐만 아니라 거래 해지, 더 나아가 영업 손실에 따른 손해 배상까지 청구되는 심각한 결과를 가져올 수 있습니다.

물론 계약 내용을 작성할 때 담당자의 부주의 탓으로 잘못 기재되기도 하지만, 계약 체결 전에 그 내용을 꼼꼼히 검토한다면 얼마든지 잘못 표기된 숫자를 바로잡을 수 있습니다.

따라서 실제 거래에서 숫자와 관련된 분쟁이 많이 발생하고 있으므로 계약서에 숫자를 표기하는 방법을 반드시 숙지할 필요가 있습니다.

1) 숫자는 문자와 함께 씁니다. two hundred and thirty-five (235)의 예를 들어 보겠습니다. 문자를 읽으면 그 문자와 숫자와의 차이(오류)가 있는지를 쉽게 파악할 수 있기 때문에 작성자가 의도하는 숫자를 명확하게 표현할 수가 있습니다. 그러나 문자와 숫자를 잘못 썼음에도 확인을 못하여 나중에 분쟁이 발생할 수 있으므로 반드시 여러 번 확인하는 것이 필요합니다.

2) 계약 문장에서는 분수(fraction)가 소수(decimal)보다 자주 쓰입

니다. 분수를 사용할 때 분자는 기수, 분모는 서수를 씁니다. 즉 분수 2/3는 two-thirds, 7/27은 seven twenty-sevenths라고 씁니다. 소수 45.67은 forty-five decimal sixty-seven, 1.0543은 one point zero five four three라고 씁니다.

3) 금액을 표시할 때 정확성은 정말 중요합니다. US$ 234.56을 문자와 함께 쓰는 경우에는 United States Dollars two hundred thirty-four and fifty-six cents only(또는 United States Dollars two hundred thirty-four and fifty-six hundredths only)라고 표현합니다.

날짜 쓰기

계약서의 날짜는 확정, 실행, 시작, 기한 등을 나타내는 용도로 사용됩니다. 숫자 쓰기와 마찬가지로 날짜도 잘못 표기하면 계약 해지, 손해 배상 등 심각한 일이 일어나기도 합니다.

물론 계약 내용을 작성할 때 담당자의 부주의 탓으로 잘못 기재되기도 하지만 계약 체결 전에 그 내용을 꼼꼼히 검토한다면 얼마든지 잘못 표기된 날짜를 바로잡을 수 있답니다.

1) 문자와 숫자를 함께 쓸 때는 월을 문자로, 그리고 나머지(연, 일)를 숫자로 쓰는 방식을 취하는 경우가 많습니다. 예를 들어, 2021년 6월 10일은 10th June, 2021 또는 June 10, 2021 등으로 표현합니다. 그러나 5/10/2021과 같이 숫자만으로 표시할 때는 작은 단위에서 큰 단위로 나아간다는 관례를 고려하면 10월 5일임을 알 수 있습니다.

2) 장차의 날짜 또는 주기적으로 나오는 날짜를 나타내는 표현이 다양한 계약서에서 요구되는 경우가 있습니다. 예를 들면, '계약 체결일부터 2개월째'는 the day two (2) months after the date of this Agreement로 표현합니다. '매월 10일'은 the tenth day of

each month로, '3개월마다'는 every three months 또는 quarterly로 쓰입니다.

3) 시작일을 정확히 표현해 놓으면 기간 계산에 오해가 없습니다. '2021년 6월 10일부터 3개월마다'는 quarterly starting on June 10, 2021 또는 three months on June 10, 2021입니다. '~(의) 날부터'라고 할 때의 '부터'는 starting on 이외에 commencing on(from, with) 등이 쓰입니다. 그리고 '~(의) 날까지'에는 ending on(with) 등이 쓰입니다.

4) 월일을 미리 특정할 수 없을 때 '~(의) 날'이라고 하면 the date of ~ 라는 표현을 자주 씁니다. 예를 들면 '서명일'은 the date of signature로, '수출 허가일'은 the date of export licence로, 'B/L의 날짜'는 the date of bill of lading으로, '정부 허가일'은 the date of governmental approval로 표현합니다.

표준국어대사전에 의하면 기간(期間)은 '어느 일정한 시기부터 다른 어느 일정한 시기까지의 사이'를 의미합니다. 영문계약서에서는 기간이 의미하는 바를 쓸 때 용도에 따라 명확하고 완전한 표현을 사용해야만 나중에 해석상 논란을 피할 수 있습니다.

1) 일수, 월수, 연수를 단순하게 나타내는 경우에는 for seven days, over two months, during five years 등으로 표현합니다. 특히 계약서의 존속(유효)기간을 나타내는 경우에는 for a term of three years, for two years' duration, over a period of five years 등의 예가 자주 사용되는 표현입니다.

2) 다른 것의 존속기간에 종속하는 경우에는 for so long as the license remains valid(면허가 유효한 동안), insofar as the Seller performs its obligations(판매자가 의무를 이행하는 한에 있어서는) 등으로 표현합니다. 또한 끝나는 시기에 초점을 맞추는 경우에는 until the termination of the Contract(계약이 종료할 때까지), up to the date of the notice(통지일까지) 등의 표현 방법이 있습니다.

3) 시작하는 시기와 끝나는 시기를 특정할 때 최초일 또는 말일을 포함할지 말지를 결정해야 하는 경우에는 inclusive, exclusive 등을 사용하여 산입 여부를 명확히 표현할 필요가 있습니다.

예를 들면 5월 15일부터 6월 15일까지의 기간에서 5월 15일은 포함하고 6월 15일은 제외할 경우에는 from May 15 (inclusive) to June 15 (exclusive) 등으로 표현합니다. 또한 최초일과 말일을 포함하는 경우에는 기간 문구의 끝에 (both inclusive), 둘 다 제외하는 경우에는 (both exclusive) 등으로 표현합니다.

4) 어떤 기간 등의 범위를 나타낼 때는 그에 맞는 명확한 문구를 사용해야만 의도하는 범위가 정확하게 정해집니다. 예를 들면 '~ 이상'의 표현에는 more than, longer than, greater than 등이 있고, '~ 초과'의 표현으로는 in excess of, over 등이 있습니다.

반대로 '~ 이하' 등의 표현에는 less than, shorter than, smaller than 등이 있고, '~ 미만' 등의 표현으로는 in short of, under 등이 있습니다.

5) 어느 때부터 며칠 전, 며칠 후를 나타내는 표현의 예시는 다음과 같습니다. '계약 종료 30일 전까지'는 until 30 days prior to the expiration date of this Agreement로 표현합니다. '통지 후 30일 이내에'의 표현은 within the 30 day period after the notice입니다. 그 외에 '계약 종료 전 30일 이내'는 during the 30 day period before the expiry of this Agreement로 표현합니다.

IV. 영문계약서에 나오는 관용어구

관용어구는 두 개 이상의 단어로 이루어져 있으면서 그 단어들의 의미만으로는 전체의 의미를 알 수 없는, 즉 특수한 의미를 나타내는 어구(Phrase)를 말합니다.

특히 법률 분야에서 사용하는 관용어구는 일상생활에서 사용하는 어구와 달리 전혀 다른 의미를 나타낼 수 있기 때문에 그 해석과 이해에 신중해야 합니다.

또한 법률적 상황이나 조건에 맞게 영문 어구를 사용하지 않으면 어느 한 당사자가 의무를 이행하지 않을 경우 손해를 입은 당사자는 계약서상의 이행 청구를 요구하는 데 상당한 어려움이 따르기 마련입니다.

그러면 영문계약서에서 자주 사용되는 관용어구를 알파벳 순으로 설명하겠습니다.

1) as the case may be

'(각각의) 경우에 따라', '상황 따라서는', '사정에 따라' 등으로 해석합니다. 같은 표현으로 as circumstances require, case by case 등이 있습니다.

예문

The interest rates will go up or down as the case may be.

이자율은 경우에 따라 오르기도 하고 내리기도 한다.

2) affected party

'~에 피해를 본 당사자', '~에 영향을 받은 당사자'를 의미합니다. 특히
affected party는 계약문서에서 '피해를 본 당사자'로 해석하는 경우가
많습니다.

불가항력(force majeure)의 위험 상황에 직면하여 그 의무 이행에 대
해 피해를 본 당사자에게 어떠한 면책이 주어지는 것은 계약에서 꼭
필요한 규정 사항입니다.

예문

The affected Party shall give written notice of suspension as
soon as reasonably possible to the other Party to this Agree-
ment stating the date and extent of such suspension and the
cause and likely duration thereof.

해석

영향을 받은 당사자는 본 계약의 상대방 당사자에게 해당 중지건의 발생 날짜
와 범위 및 그 원인과 중지 예상기간을 명시하여 중지에 대한 서면 통지를 가능
한 한 즉시 제공해야 한다.

3) arise out of

'~로 인해 발생하다', '~로 인해 일어나다' (=occur out of), '~로 인해 생겨나다' 등을 의미합니다.

Neither party shall be in default hereunder by reason of any failure in the execution of any obligation under this Agreement where such failure arises out of an event of force majeure.

불가항력적인 사건에 의해 본 계약의 불이행이 발생하는 경우, 양 당사자는 본 계약에 따른 의무 이행의 실패로 인해 책임을 지지 않는다.

4) as used herein

'여기서 말하는 바와 같이', '여기서 사용되는 바와 같이', '여기서 칭하는 바와 같이' 등을 뜻합니다.

As used herein, the term "Intellectual Property Rights" means any rights relating to any trademark, tradename, service mark, copyright, patent, trade secret or other proprietary right.

여기서 말하는 바와 같이 "지식 재산권"이라는 용어는 상표, 상호, 서비스 마크, 저작권, 특허, 영업 비밀 또는 기타 소유권과 관련된 모든 권리를 의미한다.

5) at arm's length

직역하면 '팔을 뻗으면 닿을 어느 정도의 거리를 두고'를 의미하지만, 계약에서의 at arm's length는 두 당사자가 서로 독립된 주체로서 거래하는 관계를 나타냅니다.

따라서 완전한 타인인 두 당사자 사이의 거래는 통상 독립적인 거래 관계가 가능하지만, 관계회사 간의 거래에서는 어느 정도의 거리를 두는 관계가 어려울 수 있습니다.

📄 예문

All dealings between A and B are conducted at arm's length.

📄 해석

A와 B 간의 모든 거래는 독립된 주체로서 행한다.

6) at one's (sole) discretion

'(자신의) 재량으로', '~의 고유 권한으로', '~의 독자적인 재량으로', '~의 자유로'라는 뜻입니다. 어떤 당사자가 자유재량에 따라 어떤 일을 처리할 수 있다는 것을 규정할 때 쓰입니다.

예문

The Distributor may set the retail price of the Goods at its sole discretion.

해석

대리점은 자신의 재량에 따라 상품의 소매 가격을 정할 수 있다.

7) at one's (sole) expense

'~의 비용으로', '~의 단독 부담으로'를 뜻합니다. 소송, 운송, 권리 등록 등 특정 목적에 드는 비용을 당사자 자신이 부담해야 한다는 것을 말합니다.

Licensee agrees to assist Licensor, at Licensor's sole expense, to the extent necessary to protect any of Licensor's rights to the Product.

피허가인은 허가인의 비용으로 제품에 대한 허가인의 권리를 지키는 데 필요한 범위에서 허가인을 지원하기로 합의한다.

8) at one's own risk

'자신의 책임하에', '~의 위험을 무릅쓰고', '~의 부담을 감수하고' 등을 뜻하며, 같은 표현으로 at the cost of, at the risk of 등이 있습니다.

예를 들어 물품 손상에 대한 위험, 책임을 부담하는 것을 말하며, 물품의 훼손, 멸실 이외에 다른 위험과 관련해서도 쓸 수 있습니다.

Transportation of contract equipment from the port of destination to the construction site shall be undertaken by the Contractor at its own risk.

해석

목적지 항구에서 건설 현장으로의 계약 장비 운송은 계약자가 자체 위험을 감수해야 한다.

9) at one's (sole) option

'자신의 선택으로', '자유의사로'라는 뜻입니다. 하지만 반드시 당연한 계약 사항으로서 예정된 선택이 아닌 경우엔 option보다 discretion, judgement가 나은 표현입니다. 다만 judgement의 경우에는 in one's judgement라고 합니다.

예문

> If the Product is found to be defective, the Seller agrees, at its sole option, to repair or replace the same at the Seller's cost.

해석

제품에 결함이 있는 것으로 확인되면 판매자는 자신의 선택에 따라 판매자의 비용으로 같은 제품을 수리하거나 교체하는 데 동의한다.

10) attributable to

'~에 기인하여 발생한', '~에 귀속하는', '~에 기인하는', '~ 때문인' 등을 뜻합니다. 손해배상 등 특정한 일의 결과에 대해 책임을 따질 때 사용하는 표현으로 'be owing to', 'be due to' 등이 있습니다.

예문

The claim is attributable to any breach by any defaulting or breaching party of this Agreement.

해석

이 청구는 본 계약의 불이행 또는 위반 당사자에 의한 위반에 기인한다.

11) be borne by A

'A가 (비용, 위험, 책임 등을) 부담한다'의 의미로, borne은 bear의 수동형입니다. 때에 따라 사물을 주어로 쓰면 문장을 간결하게 만들어, 말하고자 하는 대상을 강조할 수 있습니다. 사물 주어는 여러 종류의 국제 거래 계약서를 영어로 작성할 때 자주 사용됩니다.

The risk of loss and damage to the Goods shall be borne by the Carrier until delivery of the Goods at the named port has been effected.

해석

상품의 손실 및 손상 위험은 지정된 항구에서 상품이 인도될 때까지 운송인이 부담한다.

12) best efforts

'최선의 노력', '모든 가능한 노력' 등을 의미합니다. 이와 같은 표현으로 best endeavors, utmost efforts 등이 있습니다. best efforts 앞에 exert, devote, make 등의 동사를 사용하여 '어떤 일에 최선의 노력을 다한다'는 것을 강조합니다.

예문

The Buyer agrees to exert its best efforts to obtain the export licence as soon as possible after the execution of this Agreement.

해석

구매자는 본 계약 체결 후 가능한 한 빨리 수출 허가를 받기 위해 최선을 다할 것에 동의한다.

13) come into force

'효력이 발생하다', '유효가 되다' 등으로 표현합니다. 이와 같은 뜻으로 bring into force, come into validity, come into effect 등이 있습니다.

예문

This agreement shall be deemed to come into force on the effective date and unless earlier terminated in accordance with the provisions of this Agreement shall continue in force and effect for 1 year.

해석

본 계약은 계약 발효일에 효력이 발생하는 것으로 간주되고, 본 계약의 규정에 따라 기한 전에 종료할 경우 이외에는 1년간 유효하게 존속한다.

14) commission or omission (=act or omission)

  commission은 동사 commit의 명사로 '작위(마땅히 하지 말아야 할 일을 의식적으로 하는 행위)'를, omission은 동사 omit의 명사로 '부작위(마땅히 하여야 할 일을 일부러 하지 아니하는 행위)'를 뜻합니다.

  다시 말하면 commission은 '계약상 또는 법률상 해서는 안 되는 일을 하는 것', omission은 '계약상 또는 법률상 할 의무가 있는 것을 하지 않는 것'을 나타냅니다.

  예를 들면 아래 예문과 같이 '구매자의 작위 또는 부작위로 인한 불이행인 경우를 제외하고 ~'라는 문장에 사용됩니다.

예문

Seller shall be liable for any damage arising out of its failure to perform the obligations hereunder, unless such failure is due to a commission or omission of Buyer to perform its obligations hereunder.

해석

판매자의 의무 불이행이 본 계약에 따른 구매자의 작위 또는 부작위로 인한 경우를 제외하고 판매자는 계약을 이행하지 않아 발생하는 모든 손해에 대해 책임을 진다.

15) compensation for damages

'손해 배상', '손실 보상', '피해 보상' 등을 뜻합니다. '~에게 손해배상을 하다'는 compensate somebody for damages, indemnify somebody for damages 등이 쓰입니다. 반면 '~에게 손해배상을 청구하다' 는 claim damages against, demand compensation for 등이 사용됩 니다.

예문

You are exempt from all the responsibilities related to compensation for damages.

해석

귀사는 손해 배상과 관련한 모든 책임으로부터 면책된다.

16) consider to

'~로 간주하다', '~로 여기다', '~임을 감안하다' 등을 뜻합니다. 계약 영 어에서는 사물을 주어로 하여 be considered to로 자주 사용됩니다.

This Agreement may be executed in two or more counterparts, all of which shall be considered to be one and the same instrument.

본 계약서는 여러 부수로 작성할 수 있으나, 그것들 모두는 하나의 동일한 증서로 간주한다.

17) construe as

'~라고 해석하다', '~라는 의미로 받아들이다', '~로 생각하다 등의 뜻입니다. 계약 영어에서는 사물을 주어로 하여 be construed as로 자주 사용됩니다.

A waiver on any one occasion shall not be construed as a bar to or waiver of any right or remedy on any future accasion.

한 가지 경우에 대한 포기는 향후 어떤 경우에 대한 권리나 구제책의 금지 또는 포기로 해석되지 않는다.

18) down payment

'계약금', '선불금', '착수금' 등의 의미로 쓰입니다. 이와 같은 표현으로 upfront payment, advance payment 등이 있습니다.

예문

ABC Co., Ltd. shall pay the XYZ Inc. through telegraghic transfer referred to in paragraph 2.1 hereinabove the amount of 20,000 US Dollars, as a down payment, representing ten percent (10%) of the Agreement.

- referred to: ~에 관련되는, 언급되는, 적용되는
- paragraph: '항'의 의미로 내용을 체계적으로 나누어 서술하는 단위. 법률문서 등에서 각개의 항목을 구분할 때 사용
- hereinabove: 문어체로, (문서 등에서) '앞서 쓰인 대로'를 의미
- represent: ~에 해당하다, 상당하다 (=constitute)

해석

ABC주식회사는 XYZ주식회사에 상기의 제2조 1항에 따른 전신환을 통해 계약의 10%에 해당하는 미화 2만 달러를 선불금으로 지불해야 한다.

19) due diligence

'상당한 주의', '기업 실사' , '상당주의 의무' 등으로 해석합니다.

예문

Latent defects not discoverable by due diligence.

해석

상당한 주의를 하여도 발견할 수 없는 잠재적 결함

20) due to

'~의 (사정) 때문에', '~에 기인하는' 등의 의미로 쓰입니다. 이와 같은 의미로 owing to, because of 등이 있습니다.

예문

The Supplier is unable to deliver Products to the Buyer due to the Supplier's acquisition, break-up or bankruptcy.

해석

공급자는 공급자의 인수, 폐쇄 또는 파산으로 인해 구매자에게 제품을 인도할 수 없다.

21) enforceable against

'~에 대해 강제 집행할 수 있는', '~에 대해 강제력이 있는' 등을 뜻합니다.

📋 **예문**

This Agreement has been duly executed and delivered by the ABC Co., Ltd., and constitutes the legal, valid and binding obligations of the ABC Co., Ltd., enforceable against the ABC Co., Ltd. in accordance with its terms.

📋 **해석**

본 계약은 ABC주식회사에 의해 적법하게 작성, 교부되었으며, ABC주식회사의 적법하고, 유효하며, 구속력 있는 의무를 구성하는 것으로, 그 조건에 따라 ABC 주식회사에 대해 강제 집행할 수 있다.

22) enter into

'(계약 등을) 체결하다', '(계약 등에) 서명하다', (계약 등을) 맺다 등의 뜻입니다. 이와 같은 뜻으로 make, sign, conclude 등이 있습니다.

Upon completion of the incorporation of the Company, the JSM Co., Ltd. shall enter into a license agreement with the Company in the form of the attached Exhibit A.

회사의 설립이 완료되면 JSM주식회사는 첨부된 별지 A의 형식으로 회사와 라이선스 계약을 체결한다.

23) entire agreement

'완전 합의', '완전한 합의' 등으로 해석한다. entire agreement는 계약서의 일반 조항에서 자주 쓰입니다. 이것은 해당 조항이 포함된 계약서 이외에 다른 구두 계약이나 양해각서, 서약서, 협정서, 진술서, 보증서 등은 효력을 발휘하지 못한다는 것을 나타냅니다.

The terms and conditions set forth in this Agreement constitute the entire agreement between the parties.

본 계약에서 정한 조건은 모든 당사자 간의 완전한 합의를 이룬다.

24) except as

'~하는 경우를 제외하고', '~ 이외에는', '~의 경우 외에', '~을 별도로 하고' 등의 뜻입니다.

> Except as provided in this article, there is no warranty that the Products shall be merchantable or fit for any particular purpose. Nor is there any other warranty, express or implied, concerning the Products.

본 조항에서 정하는 경우를 제외하고, 제품에 상품성이 있다거나 제품이 특정 목적에 적합하다는 보증은 없다. 제품에 관해 명시적이든 묵시적이든 기타 다른 보증도 없다.

25) for the purpose of

일반적인 의미는 '~을 위하여'로 목적을 나타냅니다. 이와 같은 표현으로 for ~ing purpose, for purpose of 등이 있습니다. 그러나 계약에서는 정의의 적용 범위를 나타내기 위한 용법으로 쓰입니다. 그러한 경우 '~에 있어', '~에서'라는 의미로 해석합니다.

For the purpose of this Agreement, the following terms shall have the meanings set forth below.

본 계약에 있어 다음의 용어는 아래와 같이 정의된다.

26) generate revenue

'수익을 내다', '수익을 창출하다', '매출을 일으키다', '수입을 발생시키다' 등의 뜻입니다.

The business objective of the Company is to generate revenue from the sale of electronic commerce.

회사의 사업 목적은 전자 상거래 판매로 인한 수익 창출이다.

27) grace period

'유예 기간', '이행 준비기간' 등으로 해석합니다.

In the event that the Seller delays shipment of the Goods in accordance with shipment schedule for reasons solely attributable to the Seller, the Buyer may grant the Seller ten (10) days of grace period, without liquidated damage on each specified delivery.

- in the event that: 만약 ~할 경우에는, 만약 ~하면
- in accordance with: ~에 따라, ~에 부합되게
- attributable to: ~에 기인하는, ~때문인 (=owing to, due to)
- liquidated damage: (계약조건 불충족에 대한) 손해배상 예정액, 손해변제금, 손해 배상금

📋 해석

판매자가 판매자에게 전적으로 책임이 있는 사유로 인해 선적 일정에 따른 상품의 인도를 지연하는 경우, 구매자는 각각 특정된 인도에 대한 지연 배상 없이 판매자에게 10일의 유예 기간을 부여할 수 있다.

28) here-

here-는 '~ this ~'의 의미로 사용할 수 있습니다. 계약서에서 this는 본 계약서 그 자체인 this Agreement, 그 조항 자체인 this Article 등을 가리킵니다. 따라서 in this Agreement은 herein, after this sentence는 hereafter 등으로 쓰입니다.

The parties hereto shall hereafter meet regularly to discuss the policy of marketing.

- hereto: 여기에 (=to this place), 이것에
- hereafter: 이후에 (=after this time, henceforth)

여기에 있는 당사자들은 이후에 마케팅 정책을 논의하기 위해 정기적으로 만나야 한다.

29) if necessary

'만일 필요하다면'이라는 뜻입니다. 같은 의미로 as may be necessary, when necessary 등이 있습니다. Necessary라고 판단하는 주체를 밝히는 경우에는 if deemed necessary by ~ 라고 표현할 수 있습니다.

The borrower agrees to obtain all licences and permits for this Agreement, if necessary, from the relevant governmental authorities.

차용자는 필요한 경우 관련 정부 기관으로부터 본 계약에 대한 모든 면허 및 허가를 얻는 데 동의한다.

30) in advance

'사전에', '미리', '선금으로', '선지급으로' 등의 의미입니다. 같은 뜻으로 beforehand, ahead of time 등이 있습니다.

In the event Supplier shall discontinue any product, Supplier shall notify Distributor thirty (30) days in advance of such discontinuation.

공급자가 제품의 제조를 중단해야 하는 경우, 공급자는 그 중지 30일 전에 대리점에 통지해야 한다.

31) in any instance

'어느 경우에도', '어떤 경우에도' 등을 뜻합니다. 같은 뜻으로 in any circumstances, under any circumstances 등이 있습니다.

예문

> A waiver by either party of any of the terms and conditions of this Agreement in any instance will not be deemed or construed to be a waiver of such terms or conditions for the future, or of any subsequent breach thereof.

해석

> 본 계약의 조건에 대한 일방 당사자의 권리 포기는 어떤 경우에도 미래에 대한 그러한 조건 또는 후속 위반에 대한 권리 포기로 간주되거나 해석되지 않는다.

32) in compliance with

'~에 따라', '~에 응하여', '~대로', '~에 쫓아' 등을 의미합니다. 같은 뜻으로 in obedience to 등이 있습니다.

예문

> The Company shall have been duly incorporated under the laws of Korea as a corporation in compliance with the provisions of Section 9.

해석

회사는 대한민국법에 의거하여 제9조의 규정에 따라 주식회사로서 적법하게 설립되어 있어야 한다.

33) in consideration of

'~을 약인으로 하여', '~을 대가로 하여' 등으로 해석합니다. consideration의 법률적 의미는 약인(約因)이며, 이는 한쪽의 약속에 대한 또 한쪽의 반대급부를 나타냅니다.

예문

In consideration of the foregoing and of the mutual agreements and covenants contained below, the parties agree as follows:

해석

앞에서 언급한 내용과 아래에서 정하는 당사자 간의 계약 내용을 약인으로 하여 양 당사자는 다음과 같이 합의한다.

34) incorporated in

'~에 통합되다', '~에 편입되다', '~에 결합되다', '~에 포함시키다', '~에 반영하다' 등의 의미로 쓰입니다.

예문

This Agreement, including the exhibits referred to herein, which are hereby incorporated in and made a part of this Agreement, constitutes the entire contract between the parties with respect to the subject matter covered by this Agreement.

- herein: 이 안에, 여기에, in this agreement를 의미
- hereby: 이에 의하여, by this agreement를 의미
- subject matter: 주요 내용, 주제, 소재, 목적물

해석

본 계약은, 그에 통합되어 그 일부로서 여기에 언급된 별지를 포함하여, 본 계약에서 다루는 주제에 관하여 당사자들 간에 완전한 계약을 구성한다.

35) in full force and effect

'완전한 효력을 갖는' 등의 뜻입니다.

If any term or other provision of this Agreement is determined by a nonappealable decision of a court to be invalid, illegal or incapable of being enforced by any rule of law, all other conditions and provisions of this Agreement shall nevertheless remain in full force and effect.

- nonappealable decision: 더 다툴 수 없는 결정, 확정 판결
- incapable of: ~할 수 없는, ~할 능력이 없는
- conditions and provisions: 조항, 규정, 조건

해석

본 계약의 어느 조항이 법원의 확정 판결에 의해 법률적으로 무효, 위법, 또는 법에 의한 강제 집행이 불가능하게 된 경우에도 불구하고 본 계약의 다른 조항은 완전한 효력을 갖는다.

36) in good faith

'선의로', '정직한', '진실한' 등을 뜻합니다. 같은 의미로 bona fide, with good faith 등이 있습니다.

The Parties hereto agree to endeavor to resolve any dispute or difference among them arising out of or with respect to this Agreement by discussions to be held in good faith in a spirit of mutual goodwill and understanding.

- endeavor to: ~하려고 애쓰다, 힘쓰다, ~하려는 노력
- arise out of: ~로 인해 발생하다, ~로부터 일어나다
- mutual goodwill: 상호 간의 호의, 상호 간의 친선

해석

양 당사자는 상호 선의와 이해의 정신으로 성실한 논의를 거쳐 본 계약으로 인해 또는 본 계약과 관련하여 발생하는 분쟁 또는 차이를 해결하기 위해 노력할 것에 합의한다.

37) in the event

'~의 경우', '~의 경우에' 등으로 종종 쓰입니다. 같은 뜻으로 in the case, in case, on the accasion 등이 있습니다. in the event 앞에 except를 붙여 '~의 경우를 제외하고' 등의 의미로 사용할 수 있습니다.

예문

In the event that any changes need to be made in the document, the Buyer shall call authorized attorney.

해석

문서 내용을 변경해야 하는 경우 구매자는 공인 변호사를 요청해야 한다.

38) insofar as

'~하는 한에 있어서는', '~하는 범위 안에서'라는 의미입니다. 같은 뜻으로 to the extent that 등이 있고, 이것의 반대 어구는 save insofar as나 unless 등이 있습니다.

 예문

> Each party hereby agrees to indemnify and hold harmless the other party from and against any and damages, costs, expenses or liabilities arising out of any responsibility imposed on such other party by the Main Contract insofar as the same relates to any portion of the Work for which the indemnifying party is responsible.

- hold harmless: 책임을 면제하다, 면책하다, 보호하다
- imposed on: ~에 부과된, ~에 가해지는
- indemnifying party: 배상 당사자 (↔indemnified party)

 해석

각 당사자는 본 계약에 의해 상대방에게 부과된 책임에서 발생하는 손해, 비용, 지출, 또는 부채에 대해 배상 당사자가 책임져야 하는 업무의 일부와 관련되는 한 상대방에게 배상하고 면책하기로 합의한다.

39) in the absence of

'~이 없으면', '~이 없을 경우에', '~이 없는 경우', '~하지 못한다면', '~이 없다면' 등을 의미합니다.

In the absence of manifest error, the Lender's figure shall be binding upon the Borrower.

- be binding upon: ~에 구속력이 있는 (=be binding on)

명백한 잘못이 없는 경우, 채권자가 제시한 수치는 채무자에게 구속력이 있다.

40) liquidated damages

'손해배상액의 예정', '지연 배상' 등으로 해석한다. 손해배상액은 계약서에 규정되어 있어도 합의에 따라 조정이 가능한 사항입니다.

The Buyer shall impose on the Seller liquidated damages for late shipment in the amount equivalent to zero point five percent (0.5%) of the contract amount for each full week, i.e. 7 days, delayed.

- equivalent to: ~와 동등한 (=equal to, identical to)
- i.e.: 말하자면, 즉 (=that is, namely, in other words)

해석

매수자는 매도자에게 각각 일주일, 즉 7일 지체 시마다 계약 금액의 0.5%에 상당하는 금액으로 선적지연에 대한 지체배상금을 부과한다.

41) make good

'(분실·손상된 것을) 보상하거나 대체하든, (결함이 있는 것을) 수리하든, 지금보다 좋게 하다' 등의 의미로, 보통 결함 개선과 관련한 품질 성능 보증 조항에 쓰입니다. 즉 이 방법은 금전의 보상이든 수리이든, 교환이든 계약의 정하는 바에 따릅니다.

If any Product sold hereunder proves to be defective in materials or workmanship, the Manufacturer shall make good such defect by promptly repairing or replacing the same.

- hereunder: ~에 따라, ~에 의거하여 (=under this agreement)
- such defect: 해당 결함, 그러한 결함 (=relevant defect)

해석

본 계약에 따라 판매된 제품이 재료 또는 제조상의 결함이 있는 것으로 판명되는 경우 제조업체는 즉시 수리하거나 또는 같은 것으로 교체하여 해당 결함을 개선해야 한다.

42) non-exclusive

'비배타적인, 비독점적인' 등으로 해석합니다.

예문

Supplier grants to Distributor the non-exclusive right and license to distribute Supplier's Products to Distributor's customers in Korea.

- grant to: ~하는 것을 승인하다, ~에 부여하다

공급자는 공급자의 제품을 대리점의 한국 국내 고객에게 판매할 수 있는 비독
점적 권리와 라이선스를 대리점에 부여한다.

43) on a ~ basis

'~의 원칙에 근거하여', '~을 기준으로', '~을 근거로', '~을 바탕으로' 등
의 뜻입니다. 같은 의미로 on the basis of, based on 등이 있습니다.
어떤 기준, 원칙, 조건, 전제를 말할 때 자주 쓰입니다.

예문

All services shall be rendered on a commission basis.

해석

모든 용역은 수수료를 기준으로 제공하기로 한다.

44) on behalf of

'~을 대신하여', '~을 대리하여', '~을 대표하여' 등을 의미합니다. 같은
뜻으로 in place of, as a representative of 등이 있습니다.

Jo Promotion Co., Ltd. hereby represents and warrants that Jo Promotion Co., Ltd. has full power and authority to enter into this Agreement on behalf of Artists.

- full power and authority: 전적인 권한, 완전한 권한

Jo Promotion Co., Ltd.는 아티스트를 대신하여 본 계약을 체결할 정당한 권한이 있음을 진술하고 보증한다.

45) possible infringement

'권리침해 가능성', '권리침해의 우려' 등으로 해석합니다.

Each party hereto shall promptly notify the other party of an infringement or possible infringement of any rights granted to Licensee hereunder.

각 당사자는 이 계약에 따라 피허가인에게 부여된 권리의 침해 또는 침해 가능성을 상대방에게 즉시 통지한다.

46) pursuant to

'~에 따라', '~에 의해', '~에 준해' 등의 의미로 쓰입니다.

> Confidential information of Third Parties that is known to, in the possession of or acquired by a Receiving Party pursuant to a relationship with the Disclosing Party shall be deemed the Disclosing Party's Confidential Information for purposes herein.
>
> • in the possession of: ~을 소유하다, 가지다, 소장하다

해석

수령자가 제공자와의 관계에 의해 알거나 보유하거나 또는 취득한 제3자의 기밀 정보는 본 계약의 목적으로 볼 때 제공자의 기밀 정보로 간주한다.

47) right of termination

계약 등의 '해지권', '종료권', '종결권' 등을 의미합니다.

Such right of termination will not be exclusive of any other remedies to which the non-defaulting party may be lawfully entitled.

- be exclusive of: ~을 제외한, 배타적인, 독점적인
- non-defaulting party: (계약 등을) 이행하는 당사자

해석

계약 해지권은 채무 불이행을 하지 않은 당사자가 합법적으로 갖는 다른 구제 방법을 배척하지 않는다.

48) risk of loss

(제품 등의) '손실 위험', '멸실 위험' 등을 뜻합니다.

예문

Delivery terms are FOB Incheon Korea. Title and the risk of loss of the Products shall pass to the Buyer when delivered by the Company at FOB point.

- pass to: ~로 넘어가다, 이전되다 (=be handed over)

해석

인도 조건은 FOB(본선 인도 가격) 인천, 한국으로 한다. 제품의 소유권과 손실 위험 부담은 회사가 FOB 지점에서 제품을 인도할 때 구매자에게 이전된다.

49) set forth

'~을 정하다', '~을 제시하다', '~을 설명하다', '~을 개진하다', '~을 제기하다', '~을 진술하다' 등의 뜻으로 사용합니다.

📑 **예문**

The Buyer agrees to purchase and the Company agrees to sell the Products in the quantities and at the prices set forth in Exhibit A attached hereto.

📑 **해석**

구매자는 여기에 첨부된 별지 A에서 정하는 수량과 가격에 따라 제품을 구매하고, 회사는 제품을 판매할 것에 합의한다.

50) subject to

'~의 적용을 받다', '~를 전제로 하다' 등의 의미로 사용합니다.

📑 **예문**

This Agreement shall take effect as of the execution hereof by both parties subject to issuance of the Export Licence.

- take effect: 효력을 발휘하다, (법률 등이) 시행되다, 발효하다
- as of the execution: (계약 등의) 체결일 기준, 이행일 기준
- hereof: 이것의, 이 문서의, 이 계약의 (=of this agreement)

본 계약은 수출 면허증 발급을 전제로 양 당사자가 이 계약을 체결한 시점부터
효력을 발생한다.

51) then existing

'그 당시에 존재하는', '그 당시에 유효한' 등의 뜻으로 사용합니다. 같
은 의미로 then obtaining 등이 있습니다. 여기서 then은 뒤에 나오는
형용사를 수식하기 때문에 부사로 쓰입니다.

예문

Each shareholder shall subscribe to any newly issued shares
of the Company on the basis of its then existing sharehold-
ing ratio.

- subscribe to: ~에 서명하다, 신청하다, 청약하다
- on the basis of: ~을 기준으로, ~을 근거로, ~을 바탕으로

해석

각 주주는 그 당시의 주식 보유 비율을 기준으로 회사의 새로 발행된 주식을 청
약해야 한다.

52) there-

여기에서 there는 '그것'의 의미입니다. 따라서 there- 유형을 계약서에 사용하기 위해서는 that, it 등에 해당하는 것이 there- 앞에 한 번 언급되어야 합니다. 예를 들어, thereat은 at that place, therefor는 for that purpose, thereafter는 after that day 등의 의미로 사용합니다.

📄 예문

The Buyer shall take delivery of the Products at the port of shipment, and title to the Products shall pass thereat.

- take delivery of: (제품 등을) 인수하다, 받다, 수취하다
- thereat: 그곳에서, 여기서는 at the port of shipment

📄 해석

구매자는 선적항에서 제품을 인도받아야 하며, 제품에 대한 소유권은 그곳에서 이전한다.

53) to the extent

'~의 범위 안에서, ~의 한도 안에서', '~까지'라는 의미입니다. 같은 의미로 to the degree, so far as 등이 있습니다.

To the extent that performance of this Contract is suspended due to closure of the Seller's factory, the Agent may not submit daily sales report.

- due to: ~ 때문에, ~에 기인하는 (=owing to, because of)
- daily sales report: 일일 판매보고서(DSR)

판매자의 공장 폐쇄로 인해 본 계약의 이행이 중단되는 범위 안에서 대리점은 일일 판매 보고서를 제출하지 않아도 된다.

54) unless otherwise agreed

'달리 합의되지 않는 한', '달리 정하지 않는 한' 등으로 해석합니다. 이와 유사한 표현으로 unless otherwise stated(달리 명시되지 않는 한), unless otherwise provided(달리 규정되지 않는 한) 등이 있습니다.

Unless otherwise agreed, the Company makes no other representations or warranties, whether express or implied, including, without limitation, any implied warranties of merchantability or fitness for a particular purpose.

- whether express or implied: 명시적이든 묵시적이든
- without limitation: 제한 없이, (종류 등을) 모두 포함하여

해석

달리 합의되지 않는 한, 당사는 상품성 또는 특정 목적에의 적합성에 대한 묵시적인 보증을 포함하여 명시적이든 묵시적이든 다른 어떠한 진술이나 보증도 하지 않는다.

55) Where-

Where-는 전치사 + which의 구조로 되어 있습니다. 즉 Which의 선행사에 at, by, from, in, of, on, upon 등의 전치사가 붙은 것이므로 선행사에 따라 때, 장소, 방법 등으로 나타낼 수 있습니다. 예를 들어 계약서에 자주 나오는 whereof, 즉 of which는 계약서 그대로의 내용 전체를 가리킵니다.

예문

In Witness Whereof, the parties hereto have caused this Agreement to be duly executed as of the day and year first above written.

- in witness whereof: (~에 관한 내용을) 증거로 하여, 증명하여
- first above written: 위에서 처음으로 기술한, 처음 상기한

해석

이상의 증거로서, 위에 처음 기술한 날짜에 양 당사자는 본 계약을 적법하게 체결하였다.

56) without commitment

commitment는 '책임', '책무', '의무', '확약' 등을 의미합니다. 특히 계약에서 어떤 의무를 적극적으로 부담하는 것을 말합니다. 반대로 without commitment는 '아무런 의무를 지지 않고'라는 의미입니다.

📋 **예문**

Upon the successful performance of this Contract by the Buyer, the Seller agrees, without any commitment, to consider appointing the Buyer as its exclusive distributor of the Products in the Territory.

📋 **해석**

구매자가 본 계약을 성공적으로 이행하는 즉시, 판매자는 어떠한 의무를 지지 않고 구매자를 해당 지역에서 제품의 독점 판매 대리점으로 지정하는 것을 고려하기로 합의한다.

57) without limiting the generality of the foregoing

'앞서 말한 일반론을 제한하지 않고'라는 뜻입니다. 계약서에서 무엇을 언급할 때 일반적으로 쓴 뒤에 보기를 들 때가 있습니다. 그러나 그 일반어로 지시된 개념의 모든 경우를 열거한다는 것은 불가능하므로 그러한 보기의 열거는 예시임을 밝힐 필요가 있습니다. 따라서 관련 조항에 열거된 예시는 단순한 보기에 불과하므로 그것들이 전부라고 생각해서는 안 됩니다.

Neither party may be liable to the other for any delay in performing or failure to perform any of its obligations on account of any event which is beyond the control of the party so affected. Such events shall include, without limiting the generality of the foregoing, acts of God, war, riot, fire etc.

- be liable to: ~에게 법적 책임이 있는, 책임을 지는
- on account of: ~ 때문에, ~해서 (=because of, by reason of)
- act of God: 불가항력, 예측할 수 없는 사건, 신의 행위

📄 해석

어느 당사자도 피해를 본 당사자의 통제를 벗어난 어떤 사건으로 인해 의무 이행을 지연하거나 이행하지 못한 것에 대해 상대방에게 책임을 지울 수 없다. 이러한 사건에는 앞서 언급한 일반론을 제한하지 않고 신의 행위, 전쟁, 폭동, 화재 등 모든 것을 포함한다.

58) without prejudice to

(어떤 일을 함으로써) '다른 일을 배제하지 않고'; (~에 대한 권리 등을) '침해하지 않고' 또는 '배제하지 않고' 등을 뜻합니다. 어떤 권리를 주장하는 경우, 당연히 또 하나의 권리는 포기한 것으로 간주한다든지 하는 것을 미리 막기 위해 종종 쓰입니다.

 예문

Without prejudice to our right to resort to legal means to enforce our claim for all damages suffered by us, we hereby make, for your consideration, a settlement offer as follows:

- resort to: ~에 의지하다, 기대다 (=have recourse to)
- for one's consideration: ~를 고려하여, 참고로 하여

해석

당사가 입은 모든 손해에 대해 당사의 청구를 집행하기 위해 법적 수단에 의지할 권리를 배제하지 않고, 당사는 이에 따라 귀하를 고려하여 다음과 같은 합의 제안을 한다.

V. 영문계약서의
기본 구조

상품 매매 계약의 일종인 「대리점 계약서(Agency Agreement)」에서 주로 기재되는 조항들을 위주로 영문계약서의 기본 구조를 설명하겠습니다.

표제

영문계약서는 쌍방 간에 합의한 계약 사항에 관하여 영문으로 작성한 문서를 말합니다. 일반적으로 영문계약서의 기본 구조는 표준화를 거쳐 널리 사용되고 있습니다.

계약서는 표제, 전문, 정의 조항, 실질 조항, 일반 조항, 후문, 서명 등의 구조로 이루어져 있습니다.

표제(Title of Contract)는 보통 제목(Title)이라고 말합니다. 제목은 계약서의 첫머리 좌우 중앙에 적습니다. 계약서의 내용을 한눈에 알아보고, 더 쉽게 읽을 수 있도록 중심 단어나 숫자 등을 이용하여 계약 내용을 나타내는 제목을 붙입니다.

제목에 계약을 나타내는 Agreement나 Contract를 모두 사용할 수 있습니다. 다만 두 단어 모두 우리말로는 '계약'으로 번역이 가능하지만, 의미상 혼란을 피하기 위해서는 계약서 전체에 걸쳐 어느 한 용어만 사용하는 것이 좋습니다.

표제는 용도에 따라 다양하게 정할 수 있습니다만 일반적으로 사용하는 표제 예는 다음과 같습니다.

(표제1) Agency Agreement (대리점 계약서)

(표제2) International Sale of Goods Agreement(국제 상품 판매 계약서)

(표제3) Distributor Contract (판매 대리점 계약서)

(표제4) License Agreement (라이선스 계약)

(표제5) Joint Venture Agreement (합작 투자 계약)

(표제6) Sales Agreement (매매 계약)

(표제7) Non-Disclosure Agreement (비밀유지 계약)

(표제8) Merger and Acquisition Agreement (인수합병 계약)

(표제9) Manufacturing and Supply Agreement (제조물 공급 계약)

앞에서 언급했듯이 계약서 기본 구조의 표제 다음에는 전문이 옵니다. 전문은 Premise, Recital 등으로 표현되고 머리말(Heading)과 설명 조항(Whereas Clause)으로 구성됩니다. 머리말에서는 계약 당사자의 개요를 적고, 설명 조항에서는 계약의 목적, 배경 등에 관한 내용을 기술합니다.

계약 당사자의 개요를 나타내는 머리말에서는 아래와 같이 계약 체결의 일시와 당사자 이름, 주소, 설립 준거법 등의 당사자 정보를 기록합니다.

① 계약 체결일: 연도는 반드시 서기 네 자리로 표기
② 계약 당사자 성명: 법인의 경우는 정식 명칭을 기재
③ 계약 당사자 주소: 법인의 경우에는 주요 사무소 소재지나 등기상의 본사 소재지 등을 적는다.
④ 법인의 설립 준거법: 한국기업은 모두 laws of Korea지만, 미국은 주 단위 법이 적용됨

This Agency Agreement (the "Agreement") is made on the 15th May 2021[1] by and between: ABC Inc.(hereinafter referred to as the "ABC"), a corporation duly organized and existing under the laws of California of Unites States[2], and having its registered head office of business at (address), Unites States, and XYZ Co., Ltd.(hereinafter referred to as the "XYZ"), a corporation organized and existing under the laws of South Korea, and having its registered principal place of business at (address), Korea.

주1) 위의 계약 체결일이 보통 효력 발생일(effective date)이 된다. 효력 발생일은 계약체결 후에 달성되어야 하는 조건이 충족되면 효력이 발효되는 일자를 말한다. 그때부터 당사자 간의 권리 의무가 발생한다. 따라서 계약상 당사자가 지켜야 하는 의무이행의 기한이 있는 경우 날짜를 계산하는 기준은 계약체결일이 아닌 효력 발생일이다.

주2) 한국의 법인은 소재지에 상관없이 우리나라의 상법을 바탕으로 설립되지만, 미국은 주마다 회사법이 다르다. 따라서 머리말에는 한국 법인은 한국의 법에 준거하고 있음을, 미국 법인은 미국의 주법에 준거하고 있음을 기재한다.

해석

본 대리점 계약은 미국 캘리포니아법에 의해 설립되고 적법하게 조직되어 (주소)에 본사 주소지를 등록한 ABC사와 한국법에 의해 설립되고 적법하게 조직되어 (주소)에 주 사무소를 등록한 XYZ사 간에 2021년 5월 15일에 작성되어 발효된다.

설명 조항(Whereas Clause)은 이 계약이 체결된 배경과 계약을 둘러싼 당사자들의 의도를 나타내는 항목입니다. 서문의 도입부에서 사용되는 영어 고어체 Whereas는 '~이므로' 또는 ~이다' 정도로 해석할 수 있으나, 계약서에서는 별다른 의미를 갖지 않기 때문에 생략할 수도 있습니다.

머리말 바로 다음에 오는 설명 조항은 각 문장의 첫머리가 'Whereas, ~'로 되어 있습니다. '~이므로', '~ 때문에'라는 뜻을 가진 이 어휘에 이어 계약의 배경, 동기 또는 계약의 체결 목적 등을 기재합니다.

'Whereas, ~'가 여러 차례 이어지는 계약서가 있는 한편, 전혀 이 구절이 없는 계약서도 있습니다. 여기 나오는 내용은 당사자에게 법적 구속력이 없을 수도 있습니다. 그러나 당사자 간 계약 해석을 둘러싼 분쟁이 발생하는 경우 그 해석을 위해 whereas의 이하 내용이 고려될 여지는 있습니다.

계약의 동기나 목적 등을 각각 Whereas라는 첫머리 다음에 기록하고, 다 완성했으면 Now, Therefore라는 어구를 사용하여 원만하게 계약이 합의되었음을 간략히 기술합니다.

Whereas, ABC is a company with extensive experience in the manufacture and sales of Golf Driver products and is willing to grant to XYZ the right to distribute and sell the products(as hereinafter defined) in the Territory(as hereinafter defined); and

Whereas, XYZ is a company engaged in the business of whole-sale and desires to obtain the right to market and sell the products in the Territory.

Now, Therefore, in consideration[1] of the mutual covenants and promises of the parties, it is agreed by and between the parties as follows:

주1) 약인은 영미 계약법에서는 중요한 용어이다. 계약 영어에서는 consideration을 '대가' 또는 '약인'이라고 번역할 수 있다. 따라서 영문 계약을 체결할 경우 당사자가 각각 어떤 대가를 원하는지를 계약서상에서 명확히 기술할 필요가 있다. 약인은 'in consideration of ~'라는 표현으로 설명 조항의 마지막 문장(Now, Therefore로 시작하는 문장)에 놓인다. 준거법이 영미법이 아닌 경우에는 약인의 기재는 꼭 필요하지 않다. 즉 한국이나 다른 대륙법계 국가들의 계약성립 요건에는 약인의 요건이 존재하지 않으며 지금은 형식적인 요건으로 쓰일 뿐이다.

📑 해석

ABC는 골프드라이버 제품(이하에 정한다)의 제조 및 판매에 있어 광범위한 경험을 가지고 있으며, 지역(이하에 정한다)에서 제품을 유통하여 판매할 수 있는 권리를 XYZ에게 부여하고자 한다.

XYZ는 도매업에 종사하고 있으며, 그 지역에서 해당 제품을 시장에 공급하여 판매할 권리를 얻고자 한다.

그러므로 양 당사자 상호 간의 계약을 약인으로 하여 다음과 같이 합의한다.

정의 조항

    정의는 아시다시피 어떤 말이나 사물의 뜻을 명백히 밝혀 규정하는 것을 말합니다. 따라서 계약서에서 정의 조항(Definition)을 잘 활용하면 계약의 양 당사자가 사용하는 언어를 통일시키는 효과를 얻을 수 있습니다.

    보통 복잡한 계약서일수록 정의 조항이 따로 존재합니다. 국제 계약서에서는 그 거래에 독특한 의미를 지니며 사용되는 어구를 보통 제1조에서 정의합니다.

    정의 조항을 따로 두지 않고 특정 어구를 정의하고자 할 경우에는 정의할 어구의 내용이 기재되어 있는 부분 뒤에 괄호로 묶어 그 안에 해당 어구를 기재합니다. 정의어는 대문자(Capital)와 인용 부호(" ~ ") 등을 사용해 적극적으로 강조합니다.

    정의된 용어는 계약서의 다른 본문에 반드시 등장하고 다른 본문을 검토하다가 대문자로 시작하는 해당 용어를 보게 되면 그것이 정의 조항에서 미리 정해진 내용임을 한눈에 파악할 수 있습니다.

예문

X. Definitions

x.1　"Product" means the product to be manufactured and delivered by ABC.

x.2　"Territory" means all areas of South Korea.

x.3　"Intellectual Property" means all inventions (whether patentable or not), Know-how, Confidential information and other intellectual property rights.

 해석

X. 정의

x.1　"제품"은 ABC에 의해 제조되어 인도되는 제품을 의미한다.

x.2　"영역"은 대한민국의 모든 지역을 의미한다.

x.3　"지식 재산"은 모든 발명품(특허 여부 불문), 노하우, 비밀 정보 및 기타 지식 재산권을 의미한다.

5 실질 조항

영문계약서의 정의 조항(Definitions) 다음에 나오는 실질 조항(Substantive Provisions)은 국제 거래 계약서의 핵심입니다.

여기에서 실제적이면서 구체적인 계약 내용을 열거하고 계약 당사자의 권리와 의무를 규정하기 때문입니다. 물론 실질 조항에 구체적으로 무엇을 기술해야 하는지는 계약의 목적에 따라 달라집니다.

따라서 계약 실무 담당자는 각 당사자의 이행 내역이 정확히 명시되어 있는지, 이행하겠다는 약정이 구속력 있는 문구로 표현되어 있는지, 그리고 계약서에 강제할 수 있는 구제사항을 잘 반영하고 있는지 등을 꼼꼼하게 검토할 필요가 있습니다.

1) 업무 범위

　일반적으로 대리점 계약서 실질 조항의 첫 부분 'Scope of Work(업무 범위)'에서는 양 당사자의 역할, 업무 범위 등을 규정합니다. 대행사업자인 Agent는 일반적으로 수출업체의 대리점이 아닌 이상 마케팅, 판매, 거래처 발굴, 시장 조사 등의 다양한 업무를 수행합니다.

　따라서 Agent는 자기의 비용과 위험부담 하에 제품을 매입하여 판매하기 때문에 수출업체가 요구하는 사항을 특정해놓지 않으면 거래과정에서 수출업체와의 이견이 생길 수 있습니다.

　또한 Agent로서는 일정한 지역 내에서 본인 이외에는 해당 제품을 판매하지 않는다는 독점판매권 조항을 규정해 놓으면 수출업체와의 계속된 거래관계를 유지하는 데 도움이 됩니다.

X. Scope of Work

x.1. ABC hereby agrees to nominate XYZ to act as the Agent of ABC in connection with the marketing, sales and supply of the Products within the Territory, and XYZ hereby agrees to accept such nomination.

x.2. ABC does hereby acknowledge that the rights of XYZ under this Agreement are exclusive rights in the Territory.

x.3. In case requested by ABC, XYZ will assist in good faith to claim, protest or other legal action against any third party, by all means who acted against the law and harm interest of XYZ.

 해석

X. 업무 범위

x.1. 여기 ABC는 XYZ가 그 지역에서 제품의 마케팅, 판매, 공급과 관련하여 ABC의 Agent의 역할을 하도록 XYZ를 임명하는 데 동의하고, XYZ는 그러한 지명을 인정하는 데 동의한다.

x.2. 이에 ABC는 본 계약에 따른 XYZ의 권리는 그 지역에서 독점 판매권이 있음을 인정한다.

x.3. ABC가 요청하는 경우, XYZ는 법에 반하는 행위로 XYZ의 이익을 해치는 제3자에 대한 청구, 항의 또는 기타 법적 조치를 성실하게 지원한다.

2) 인도

인도(Delivery)는 우리 민법상 '물건 점유의 이전'(the act of taking something to a person or place)을 뜻하며, '물건을 운송인에게 인도하는 것'을 말하는 Shipment보다 넓은 의미로 사용됩니다.

실질 조항 중 인도 조항에서는 인도 시기, 인도 방법, 인도 책임, 포장 방법 등의 조건을 다룹니다. 또한 국제 거래 계약에서 목적물에 대한 대가를 산정할 때는 Incoterms가 자주 사용됩니다.

Incoterms는 International Commercial terms의 약어로, 국제상업회의소가 무역 조건을 정한 표준 거래 규칙입니다. 현재는 2020년에 개정된 Incoterms 2020을 사용하고 있습니다. 11 가지 거래 규칙에서 FOB, ExW, CIF 등의 인도 조건이 주로 사용되고 있습니다.

X. Delivery

x.1 ABC shall deliver the Products FOB Sanfransisco Port, Unites States in accordance with the delivery schedule received by XYZ.

x.2 Unless inconsistent with any provision of this Agreement, the meaning of any delivery term and the rights and obligations of the parties thereunder shall be ascribed by "Incoterms". "Incoterms" means the international commercial terms published by the International Chamber of Commerce (2020 edition).

x.3 Deliveries shall be made on the delivery time and times set forth in the delivery schedule received by XYZ. Unless otherwise provided in this Agreement, the Products may not be delivered in installments.

해석

X. 인도

x.1 ABC는 XYZ로부터 수령한 인도 일정에 따라 미국 샌프란시스코항 본선 인도방식 조건으로 제품을 인도해야 한다.

x.2 본 계약의 조항과 모순되지 않는 한, 인도 기간의 의미와 그에 따른 당사자의 권리 및 의무는 "Incoterms"에 귀속된다. "Incoterms"는 국제 상공회의소(2020년 판)에서 발표한 국제 상거래 규칙을 의미한다.

x.3 인도는 XYZ로부터 수령한 인도 일정표에 정해진 인도 시기와 횟수에 맞게 인도해야 한다. 본 계약에 달리 규정되지 않는 한 제품은 분할 인도하지 않는다.

3) 지불

국제 거래 계약서의 실질 조항 중에서 지불 조건은 계약의 지속 가능성을 결정하는 매우 중요한 요소입니다.

특히 수출입 거래의 경우 국제무역에서 정형화된 거래조건인 Inco-terms 2020을 사용하여 국제 거래에서 발생하는 지급 조건을 양 당사자간에 협의하는 경우가 많기 때문에 실무 담당자는 인코텀즈를 정확히 숙지할 필요가 있습니다.

국제 거래의 지불 방법으로는 현금 송금, 신용장, 어음 결제 등이 있으므로 거래의 특성에 맞게 양 당사자 간의 합의하에 지급 방법을 정하면 됩니다.

X. Payment

x.1 All prices stated herein are net FOB[1] Sanfransico, Unites States, Incoterms 2020. All prices are exclusive of taxes.

x.2 The payments shall be paid quarterly by T/T[2] payment method after shipment completed in the same currency of this Agreement.

x.3 Unless otherwise specified by written notice from XYZ, all and any payment shall be effected on the following:

A/C No. 123-456-7890 of Joa Bank Nowon Branch, Seoul, Korea
Swift Code[3]: 98765432(eight digits)

---

1) Free On Board(본선 인도 조건)의 약어이다. FOB는 수출상이 계약 상품을 일정 기간 내에 소정의 선적항에서 수입상이 지시한 선박에 적재해야 하며, 본 선상에 인도가 끝날 때까지의 일체의 비용(포장비 · 선적항까지의 운임 · 창고료 등)과 위험을 부담하는 국제 거래 계약이다.

2) Telegraphic Transfer(전신환 송금)의 약어로 수입대금의 지급을 은행을 통해 전신 또는 텔렉스를 이용하여 송금하는 방식을 말한다. 계좌로 송금을 받을 수 있기 때문에 매우 편리하고 간편한 방법이다. 최근에는 업체 간 믿음과 신뢰가 높아지고 장기공급의 수출 비중이 높아지면서 신용장(L/C)방식이 줄고 송금방식(T/T)이 확대되는 추세다.

3) 은행마다 '식별할 수 있는 은행 코드'를 말한다. 이 코드는 은행 간의 거래에서 자주 등장하며, 코드만 보면 해당 은행이 어느 나라 어느 도시에 있는 어떤 은행이라는 것을 알 수 있다. 실무에서 은행과의 거래하는 수출자, 수입자는 자신의 거래 은행의 SWIFT CODE(총 8자리, 은행 지점을 포함하면 총 11자리)를 알아 두면 보다 순조로운 업무를 처리할 수 있다.

X. 지불

x.1 본 계약서에 명시된 모든 가격은 인코텀즈 2020을 적용한 미국, 샌프란 시스코항 순 본선인도 가격 조건이다.

x.2 지급은 본 계약서와의 동일한 통화로 선적이 완료된 후 T/T 지불 방법으로 분기별로 지급된다.

x.3 XYZ의 서면 통지에 의해 달리 명시되지 않은 한, 모든 지급은 다음의 계좌에 대해서 효력이 발생한다.

계좌번호: 123-456-7890, 조아은행 노원지점, 서울, 한국
Swift Code: 98765432(8자리 숫자)

4) 검사

제품이나 서비스 용역에 있어 품질 수준, 규격 등을 측정하는 수단은 현장에서의 검사(Inspection)라고 할 수 있습니다.

따라서 구매자(수입회사)의 입장에서는 품질의 결정 기준과 결정 시기, 증명 방법 등을 판매자(수출회사)와 협의를 통해 정할 필요가 있습니다.

그뿐만 아니라 이 조항에서 검사 근거, 검사인, 대상, 장소, 그리고 비용 부담 등을 규정해 놓으면 향후 검사와 관련하여 발생하는 여러 분쟁을 예방할 수 있습니다.

X. Inspection

Subject to any applicable governmental regulations and proprietary restrictions, Buyer's authorized inspector shall have the right to inspect Products manufactured at Seller's factory. This right, however, shall confined to a visual inspection of completed Products and the witnessing of tests of such Products. All inspections shall be conducted during regular business hours. Expenses incurred by Buyer's inspector shall be for the account of the Buyer.

- proprietary restrictions: 소유권 제한
- witnessing of tests of such Products: 해당 제품의 시험 참관
- regular business hours: 정규 영업 시간

 해석

X. 검사

해당 정부 규정과 소유권 제한에 따라, 구매자의 공인 검사관은 판매자의 공장에서 제조된 제품을 검사할 권리가 있다. 그러나 이 권리는 완료된 제품의 육안 검사와 해당 제품의 시험 입회로 한정된다. 모든 점검은 정규 영업시간 중에 실시하여야 한다. 구매자의 검사자에 의해 발생하는 비용은 구매자의 계정에서 부담한다.

5) 보증

수출회사가 아무리 품질 좋은 제품을 생산하여 납품 조건에 맞게 인도하겠다고 해도 수입회사 입장에서는 그 제품을 수령해서 확인하기 전까지는 품질 상태 등을 보장 받을 수가 없습니다.

따라서 수출회사는 혹시 발생할지도 모를 제품 하자 등의 문제에 대비하기 위해 보험에 가입하고 수입회사에게 품질을 보증(warranty)한다는 조건으로 계약을 체결하기도 합니다.

계약의 이행 보증을 의미하는 Guarantee와는 달리 국제 상거래에서의 Warranty는 제품에 대한 하자보증 또는 품질보증으로 해석하는 것이 원래의 뜻에 더 가깝습니다.

그러므로 제품의 품질 조건, 보증 기간, 보증 책임 등의 조항을 계약서에 규정해 놓으면 하자 발생 시 이러한 보증 조건이 분쟁을 해결하는 데 도움이 됩니다.

특히 판매자의 입장에서는 제품의 하자에 대한 책임 이외에 제품의 상업성(merchantability)이나 특정 목적에 따른 적합성(fitness for a particular purpose) 등에 대해서는 보증하지 않음을 해당 조항에 삽입해 두는 것이 좋습니다.

X. Warranty

ABC shall deliver the Products in perfect condition which conform to the requirements specified in Annex B and warrant that the quality of the Products shall not change during 12 months after delivery except for the cases that such changes have occurred by non-negligence of ABC.

 해석

X. 보증

별첨 B에 규정된 요구사항에 맞게 완전한 상태로 제품을 인도하고, 품질의 변화가 ABC의 태만에 의해 발생한 것이 아닌 경우 외에는 인도 후 12개월 동안 제품의 품질이 변하지 않아야 한다.

6) 지식 재산권

지식 재산권(Intellectual Property Rights)은 인간의 지식 창조 활동으로 말미암아 만들어진 결과물에 대한 권리를 말하는데, 주로 산업재산권과 저작권으로 나뉩니다(Intellectual Property Rights are defined as the legal rights bestowed upon a person's intellectual creation that is considered worthy of receiving legal protection. Intellectual property rights include industrial property rights and copyrights etc.).

오늘날처럼 지식과 정보가 자원이 되는 사회에서는 회사가 지닌 지식과 정보의 가치를 제대로 인정받는 것이 중요한 과제가 아닐까요.

그뿐만 아니라 많은 기업이 이러한 지식과 정보를 원료로 하여 새로운 지식과 정보를 지속해서 생산해 내고 있습니다. 이렇게 새롭게 생산된 지식과 정보는 곧 부가가치를 창출할 수 있는 수단이 되기 때문에 독특한 아이디어나 기술은 마땅히 보호받아야 합니다.

국제 상거래에서는 지식 재산권을 둘러싼 분쟁을 예방하기 위해서라도 지식 재산권의 귀속 주체, 범위, 보호 의무, 침해 시 조치 사항 등을 계약서 조항에 명시할 필요가 있습니다.

X. Intellectual Property Rights

x.1　XYZ shall respect ABC's intellectual property that is invested within the purchased products. These intellectual property rights are not transferred with the ownership of products and remain property of ABC.

x.2　ABC shall indemnify and hold harmless XYZ against liabilities, damages, expenses arising out of assertion of a third party that any of the Products supplied by ABC to XYZ infringe any patent, copyright, trade secret, trademark or other proprietary right of any third party.

x.3　ABC, at its sole expense, shall have the right to assume the defense of any claim as to which it has an indemnification obligation. If the defense is not so assumed within 20 days after notice, Buyer shall have the right to undertake its own defense, and shall be entitled to reimbursement by seller for any and all reasonable expenses incurred in such defense.

X. 지식 재산권

x.1 XYZ는 구입한 제품 내에 투자된 ABC의 지식 재산을 존중해야 한다. 이러한 지식 재산권은 제품의 소유와 함께 양도되지 않고 ABC의 재산으로 남는다

x.2 ABC는 ABC가 XYZ에 공급한 제품이 제3자의 특허, 저작권, 영업 비밀, 상표 또는 기타 재산권을 침해한다는 제3자의 주장으로 인해 발생하는 책임, 손해, 비용에 대해 XYZ에게 배상하고 면책해야 한다.

x.3 ABC는 단독 비용으로 배상 의무가 있는 모든 청구에 대해 변호할 권리가 있다. 통지 후 20일 이내에 방어권이 행사되지 않는 경우 XYZ는 자신의 변호를 수행할 권리가 있으며, 판매자로부터 방어권 행사에서 발생한 모든 합당한 비용을 상환받을 권리가 있다.

일반조항(miscellaneous Provisions)은 임대차 계약서 등 일반 계약서와 마찬가지로 계약의 실질적인 내용과 관계없이 관행적으로 규정되는 사항입니다. 이는 계약 그 자체의 관리 또는 운용을 위해 필요한 조항들이 대부분의 국제 거래 계약서에 공통으로 들어간다는 것을 말합니다.

실제 영문계약서에서 자주 사용하는 일반조항의 주요 세부 조항은 아래와 같이 구성되어 있습니다.

- 해지(Termination): 계약 기간, 해지 사유, 해지 조건 등
- 변경(Modification): 내용 변경 사유, 변경 방법 등
- 양도(Assignment): 제3자 양도, 양도 제한 등
- 통지(Notice): 통지 사유, 통지 시기, 통지 방법 등
- 권리의 포기(Waiver): 포기 사유, 포기 효력 등
- 분쟁 해결(Resolution): 재판 관할, 중재, 소송 등
- 비밀 유지(Confidentiality): 비밀 사항, 위반 조치 등
- 완전한 합의(Entire agreement): 계약서 간 효력 조건 등
- 세금(Taxes): 세금 범위, 지불 방법, 세금 혜택 등
- 불가항력(Force Majeure): 면책 사항, 사후 조치 등

- 분리 가능성(Severability): 일부 무효나 위법 시 계약 효력 등
- 준거법(Governing Law): 분쟁 시 법률 해석 근거 등

물론 위에 제시한 일반 조항의 세부 조항들을 계약서에 모두 기재하지 않아도 됩니다. 다만 계약서의 성격, 구조, 협상 조건 등 필요에 따라 세부 조항들을 정하여야만 계약서 내용의 해석에서 나올 수 있는 논쟁을 예방할 수 있습니다.

1) 해지

해지(또는 종료, Termination)는 계속적 계약 관계를 당사자의 일방적 의사표시 등에 의하여 장래에 대한 효력을 소멸시키는 것(an act of ending something)을 말합니다.

해지는 과거에까지 거슬러 올라가서 미치게 하는, 즉 소급적인 효력을 가지지 않고 장래에 대하여만 효력을 가진다는 점에서 해제와 다르다고 할 수 있습니다.

계약의 해지에는 합의 해지와 일방 해지가 있습니다. 합의해지는 거의 분쟁 거리가 되지 않기 때문에 합의가 있는 경우 언제라도 해지할 수 있는 정도로 규정하면 됩니다.

반면 일방 해지는 상대방의 동의 없이 한쪽 당사자가 일방적으로 해지할 수 있다는 권리이므로 분쟁을 예방하기 위해서라도 한정적으로 해지 사유 등을 자세히 기재해야 합니다.

X. Termination

In the event that any Party breaches this Agreement and the other Party requests to take measures to remedy such breach in writing, the state of breach continues for more than 30 (Calender) days after written notice by the other Party nor otherwise agreed between the Parties, the other Party may terminate this Agreement without any limitation.

- take measures: 조치를 취하다, 대책을 강구하다
- remedy such breach: (해당) 위반을 구제하다, 위반을 해결하다
- in writing: 서면으로, 문서로
- written notice: 서면 통지
- without any limitation: 아무런 제한 없이

해석

X. 해지

어느 일방이 본 계약을 위반하고 상대방이 서면으로 해당 위반에 대한 구제 조치를 요구하는 경우, 위반 상태가 상대방의 서면 통지 후 30일 이상 계속되거나 당사자 간에 달리 합의되지 않는다면, 상대방은 본 계약을 어떤 제약도 없이 종료할 수 있다.

2) 변경

변경(Modification)은 어떤 내용을 다르게 바꾸어 새롭게 고치는 것 (the act or process of changing parts of something)을 말하는데, 법률 영어로는 Modification 외에 change, alteration 등이 변경에 해당합니다.

실제 거래 과정에서 때로는 상황이 변해 계약을 변경 또는 수정해야 하는 경우가 발생합니다. 계약을 변경해야 하는 경우 변경 방법에 관해 명확히 규정해 두면 원만하게 변경 사항을 협의할 수 있습니다. 예를 들어 계약서의 일부 조항이 집행 불능 또는 무효가 된 경우 쌍방의 합의하에 유효하고 집행할 수 있는 범위에서 해당 조항을 변경하거나 수정할 수 있는 것입니다.

X. Modification

This Agreement supercedes all previous representations, arrangements, agreements and understandings, if any, by and among the parties with respect to the subject matter covered by this Agreement. This Agreement may not be amended, changed or modified except by a writing duly executed by the parites hereto.

- supercede: ~에 우선하다, 대체하다, 대신하다
- representation: 진술, 표명, 표시, 표현
- arrangement: 약속, 조정, 배열, 정리, 준비
- subject matter: 주제, 주된 내용, 테마
- execute: 작성하다, 실행하다, 집행하다
- hereto: 이 문서에, 여기에, 여기까지

 해석

X. 변경

본 계약은 본 계약의 주제와 관련하여 당사자 간에 이루어진 종전의 모든 진술, 약속, 합의, 양해에 우선한다. 본 계약은 당사자 전원이 정식으로 작성한 서면에 의한 경우를 제외하고는 변경, 수정할 수 없다.

3) 양도

법률상 양도란 일정 법률행위에 의하여 특정 주체의 물건이나 지위, 권리 등을 타인에게 이전하는 것을 말합니다(Assignment is the act or process of giving the property or rights of one person to another person). 양도를 의미하는 법률 영어로는 assignment, transfer 등이 있습니다.

예를 들어, 부동산의 양도는 등기하여야 물권변동의 효력이 발생하며, 동산의 경우에는 점유를 이전하여야 효력이 발생합니다. 특히 계약상 당사자의 지위나 권리 등을 상대방의 동의 없이 제3자에게 양도, 위임 또는 이전하는 것을 인정하고 싶지 않을 때는 그것을 제한하는 조항을 기재하는 게 좋습니다.

상대방의 사전 서면 동의 없이 각 당사자는 제3자에게 본 계약에 따른 권리 의무를 양도, 위임 또는 이전할 수 없게 하는 등 한정적인 조항을 규정해 놓으면 향후 발생할지도 모를 분쟁을 예방할 수 있습니다.

X. Assignment

This Agreement and the rights and obligations hereunder may not be assigned, delegated or transferred by either party without the prior written consent of the other party; provided, however, that the other party's consent shall not be required with respect to any assignment, delegation or transfer by a party to any affiliate of such party. To the extent permitted by this Agreement, this Agreement shall inure to the benefit of the permitted successors and assigns of both parties.

- prior written consent: 사전 서면 동의
- provided, however, that~: 다만 ~ 하다
- inure to the benefit of: ~의 이익을 위해 유효하다

 해석

X. 양도

본 계약 및 본 계약에 따른 권리 의무는 상대방의 사전 서면 동의 없이 각 당사자에 의해 양도, 위임 또는 이전될 수 없다. 다만 당사자가 해당 당사자의 계열사에 양도, 위임 또는 이전하는 경우 상대방의 동의는 필요하지 않다. 본 계약에 의해 허용되는 범위 내에서, 본 계약은 양 당사자의 허가된 승계인 및 양수인의 이익을 위해 유효하다.

4) 통지

계약서상의 통지는 상대방에게 특정 정보를 알려주는 행위를 의미합니다(Notification is the act of notifying someone specified information).

예를 들어, 계약서에 기재된 주소, 계좌번호, 연락처, 담당자 등의 정보가 변경되면 해당 변경 내용을 기한 내에 상대방에게 통지해야 합니다.

국제 상거래에서는 상대방과 통지 조건에 대하여 미리 합의해 두지 않은 상태에서 상대방에게 통지해야 하는 경우가 발생하면 어떻게 통지해야 할지 당황하게 되고 통지하더라도 나중에 당사자 간에 이견이 있을 수가 있습니다. 따라서 계약서에 통지 방법, 수신인, 수신 장소, 통지 시기 등을 미리 기재해 두는 것이 중요합니다.

그뿐만 아니라 당사자 간에 팩스, 우편 등 통지 방법별로 효력 발생 기준일을 합의하여 계약서 조항에 추가해 놓으면 향후 통지 방법에 대한 분쟁을 예방하는 데 도움이 됩니다.

X. Notification

x.1 Any notice or other information required to be given may be given by hand or sent by e-mail, facsimile to the other party at the addresses referred to in clause x.2.

x.2 Any notice or other information sent by ABC to XYZ or XYZ to ABC shall be deemed to be properly sent if it is sent to within 10 days after such changes:
- ABC: Mr. Who (Address, Tel, Fax, E-mail)
- XYZ: Ms. Who (Address, Tel, Fax, E-mail)

x.3 In the event that there is any kind of change to the performance of this Agreement, including without limitation to the change of address or the change of personnel in charge or the change of schedule, the Party shall advise the other Party thereof in writing without delay. Any matter incurred by such change without notice to the other Party shall not be applied to the other Party unfavorably.

- by hand: 직접, 인편으로
- be deemed to: ~인 것으로 간주되다, 여겨지다
- in the event that: ~할 경우에는
- without limitation to: ~에 대한 제한 없이
- personnel in charge: 담당자, 담당 직원
- in writing: 서면으로, 문서로

X. 통지

x.1 제공해야 하는 어떤 통지 내용이든 인편이나 이메일, 팩스로 송부될 수
있다.

x.2 ABC가 XYZ에게 또는 XYZ가 ABC에게 보내는 어떤 통지 내용이든 해당
내용 변경 후 10일 이내에 아래 주소로 발송될 경우 적절하게 보낸 것으
로 간주한다.

- ABC: Mr. 누구 (주소, 전화, 팩스, 이메일)

- XYZ: Ms. 누구 (주소, 전화, 팩스, 이메일)

x.3 주소, 담당자 또는 일정 변경을 포함하여 본 계약의 이행에 대한 변경이
있는 경우, 당사자는 상대방에게 지체 없이 서면으로 본 계약의 상대방에
게 통지해야 한다. 상대방에게 통지 없이 발생한 변경 사항은 상대방에게
불리하게 적용되지 않는다.

5) 권리의 포기

계약서의 일반조항에 있어 '포기'의 영어 표현은 'Waiver'이며, '어느 한 당사자가 자신이 가지는 권리를 소멸시키기 위하여 행하는 행위'를 의미합니다. 사실 권리를 포기하는 것은 원칙적으로 자유입니다만 재산권이더라도 타인의 이익을 해치는 경우에는 포기할 수 없습니다.

따라서 권리의 행사도 신의성실의 원칙에 맞게 해야 하지만 권리의 포기도 남용해서는 안 되므로 계약서의 일반조항에 포기조항을 규정하고 있습니다.

예를 들어 합리적인 이유로 인해 자신의 권리를 포기하는 경우에는 계약 조건에 맞게 당사자 간 합의 문서에 의해 적극적인 의사표시를 해야만 실질적 포기의 효력이 발생합니다.

그뿐만 아니라 어느 일부의 권리를 행사하지 않는다고 하여 그 외의 권리 구제 수단을 포기한 것은 아니라는 것을 명확히 규정해 두면 분쟁 해결에 도움이 됩니다.

X. Waiver

None of the conditions or provisions of this Agreement shall be held to have been waived by any act or judgement on the part of either party, except by an instrument in writing signed by a duly authorized officer or representative of the parties.

 해석

X. 권리의 포기

본 계약의 어떠한 조건이나 조항도, 양 당사자의 정당한 권한을 부여받은 임원 또는 대리인이 서명한 문서에 의하는 경우를 제외하고는, 어느 당사자의 행위나 판단에 의해 포기한 것으로 간주하지 않는다.

6) 분쟁 해결

일반조항 중에서 당사자 간의 갈등이나 문제를 해결할 때 필요한 분쟁 해결(Resolution) 조항은 실제 가장 주의해야 할 조건 중 하나입니다. 국제 거래에서 계약 위반이나 불이행 사건이 발생하면 원만한 해결을 기대하기 어렵고 당사자 간의 거래 관계에 미치는 영향이 크기 때문입니다.

당사자 간의 계약 내용에 관해 분쟁이 발생할 때는 서로 협상을 통해 타협점을 도출하려고 노력하지만, 해결이 되지 않는 경우도 일어납니다. 이런 때를 대비해 어떤 방법으로 분쟁을 해결할 것인가를 사전에 규정해 두어야만 불필요한 비용을 줄일 수 있습니다.

법적으로 분쟁을 해결하는 방법에는 법원의 소송과 중재기관의 중재가 있습니다. 중재란 분쟁 당사자의 합의에 따라 분쟁에 관한 판단을 법원이 아닌 대한상사중재원 등 제3자에게 맡겨 분쟁을 해결하는 방법을 말합니다.

따라서 중재에 의한 해결을 선택한 경우에는 법원에 소송을 제기할 수 없으므로 신중하고 면밀한 검토가 필요합니다.

X. Resolution

x.1 The parties will attempt in good faith to resolve any controversy or claim arising out of or relating to this Agreement or a breach hereof, including its validity, interpretation, performance, or termination, promptly by mutual consultation. However, if this is not found possible, such disputes shall be settled by the California Arbitration Board(CAB), whose decision is final and binding to the Parties.

x.2 The Arbitrator shall apply the conditions of this Agreement and the rules on international trading applicable to this Agreement. The law applicable to this Agreement is California Law.

 해석

X. 분쟁 해결

x.1 양 당사자는 본 계약의 유효성, 해석, 이행 또는 해지를 포함, 본 계약과 관련하여 또는 본 계약의 위반으로 인해 발생하는 모든 논쟁이나 청구를 상호 협의하에 즉시 성실하게 해결하려고 노력한다. 그러나 합의에 의한 해결이 가능하지 않을 경우, 해당 분쟁은 캘리포니아 중재위원회가 해결하고 그 결정은 쌍방 당사자에게 최종적으로 구속력이 있다.

x.2 중재인은 본 계약의 조건과 본 계약에 적용되는 국제 거래에 관한 규칙을 적용한다. 본 계약에 적용되는 법은 캘리포니아법이다.

7) 비밀 유지

어느 한 당사자가 영업권, 특허권, 상표권 등의 비밀 정보에 대해 독점적 권리를 가지고 있고 상대방 당사자가 이를 이용할 경우 비밀을 유지(confidentiality)해야 할 의무를 지니게 됩니다.

비밀 정보는 대부분 공개되지 않기 때문에 사용자는 이를 철저히 관리해야 하고 과실에 의해 공개되는 경우 그에 따른 상당한 책임이 따르게 됩니다.

비밀 정보 유지 조항에서 고려해야 할 요소는 ▷무엇이 비밀 정보이며 준수 기간은 언제까지인가 ▷비밀 정보의 제공 대상 범위는 어디까지인가 ▷비밀 정보가 공개된 경우 처리 방법은 무엇인가 등입니다.

따라서 비밀정보 사용자가 사전 동의 없이 제3자에게 공개할 경우에는 해당 정보 소유자에게 재산상의 손실을 끼칠 뿐만 아니라 당사자 간의 거래에도 부정적인 영향을 미치므로 비밀정보 유지 조건을 일반 조항에 구체적으로 규정할 필요가 있습니다.

예문

X. Confidentiality

x.1 The Proprietary Information received from the disclosing Party hereunder shall be protected and kept in strict confidence by the receiving Party from the effective date hereof until three (3) years after the expiry date of this Agreement.

x.2 The Proprietary Information shall be only disclosed to and used by those persons within the receiving Party and their 100% owned affiliates.

x.3 The Proprietary Information shall not be used in whole or in part without the prior written consent of the disclosing Party for any purpose other than the purpose of this Agreement.

x.4 The Proprietary Information shall not be copied, reproduced or duplicated in whole or in part where such copying, reproduction or duplication have not been specifically authorized in writing by the disclosing Party.

x.5 Any Proprietary Information and copies thereof disclosed by either Party shall remain the property of the disclosing Party and shall be returned by the receiving Party immediately upon request or termination hereof.

- keep in strict confidence: 극비로 관리하다, 엄격한 비밀로 유지하다
- effective date: 효력 발생일, 발효일
- expiry date: (계약서 등의) 만기일, 만료일

X. 비밀유지

x.1 본 계약에 따라 공개 당사자로부터 얻은 독점 정보는 본 계약의 발효일부터 본 계약 만료일 후 3년이 되는 날까지 수령 당사자에 의해 보호되고 엄격한 비밀로 유지되어야 한다.

x.2 독점 정보는 수령 당사자 및 100% 소유 자회사에서 근무하는 직원에게만 공개되고 사용되어야 한다.

x.3 독점 정보는 공개 당사자의 사전 서면 동의 없이 본 계약 목적 이외의 다른 목적으로 전체 또는 일부를 사용할 수 없다.

x.4 독점 정보는 공개 당사자가 서면으로 특별히 승인하지 않은 경우 전체 또는 일부를 복사 또는 복제할 수 없다.

x.5 일방 당사자가 공개한 모든 독점 정보 및 그 사본은 공개 당사자의 재산이므로 공개 당사자의 요청이 있거나 본 계약의 종료 시 수령 당사자는 즉시 반환해야 한다.

8) 완전 합의

계약 영어에서 Entire Agreement는 '완전 합의'라는 의미로, 해당 조항이 포함된 계약서 이외에 다른 구두 계약이나 양해각서, 서약서, 협정서, 진술서, 보증서 등은 효력을 발휘하지 못한다는 것을 나타냅니다.

따라서 본 계약은 당사자 간에 합의한 모든 내용이므로 이전까지는 유효한 모든 계약 또는 합의를 대체하든지 취소한다는 조항이 필요합니다.

하지만 계약 체결 후에 주고받는 서면은 원칙적으로 계약 성립일 이전의 서면과 달리 완전한 합의 조항에 의해 배제되지 않는다는 조건도 반영할 필요가 있습니다.

 예문

X. Entire Agreement

This Agreement (including Annex A, B and C and the documents and instruments referred to herein) supersedes all prior representations, arrangements, understandings and agreements between the Parties, (whether written or oral) relating to the subject matter hereof and sets forth the entire and exclusive agreement and understanding between the Parties hereto relating to the subject matter hereof.

 해석

X. 완전한 합의

부록 A, B, C와 본 계약에서 언급한 문서를 포함한 본 계약서는 본 계약의 내용과 관련하여 양 당사자 간에 (서면이든, 구두이든) 정한 이전의 모든 진술, 협정, 합의 및 계약에 우선하며, 본 계약의 내용(주제)과 관련하여 양 당사자 간에 완전하고 배타적인 계약과 합의를 규정한다.

9) 세금

국제 상거래에서 부과되는 세금(taxes)은 주로 관세입니다. 관세는 수출세, 수입세, 통과세 등으로 구분합니다.

일반적으로 부과되는 관세는 수입세이며 수출세, 통과세 등은 우리 나라를 포함하여 대부분의 국가에서 부과하지 않고 있습니다. 수출세 를 부과하면 수출국으로서는 자국 상품이 외국에서 가격 경쟁력이 없 어지기 때문입니다.

그러나 상황에 따라 별도의 부가적인 세금이나 수수료 등이 발생할 수 있으므로 조세 규정에 대해서는 합당한 주의가 필요합니다.

이러한 조세 관련 조항을 계약서에 반영할 때에는 ▷어느 쪽이 세금 을 부담할 것인가 ▷어떻게 지불할 것인가 ▷부담해야 할 세금의 범위 는 어디까지인가 등을 면밀히 검토할 필요가 있습니다.

X. Taxes

Taxes and import duties, whether in the United States or any other country, now or hereafter imposed with respect to the transactions contemplated hereunder shall be the responsibility of Buyer, and if paid or required to be paid by Seller, the amount thereof shall be added to and become a part of the amounts payable by Buyer hereunder.

 해석

X. 세금

미국 또는 다른 국가에서, 현재 또는 이후에 여기에서 고려된 거래에 대해 부과되는 세금과 수입 관세는 구매자의 책임이며, 판매자가 지불했거나 지불이 요구될 경우, 그에 따른 금액은 구매자에게 추가되고 구매자가 지불할 금액의 일부가 된다.

10) 불가항력

법률 용어에서 불가항력은 양 당사자 간에 체결된 계약의 이행이 불가능하게 된 상황이거나 계약 목적 자체가 좌절된 상태를 말합니다. 불가항력은 프랑스어로는 Force Majeure, 영어로는 Act of God의 의미를 나타냅니다.

예를 들어 폭풍우, 낙뢰, 지진, 태풍, 홍수 등과 같은 자연적인 불가항력 외에 기계의 고장, 동맹파업, 공장폐쇄, 원자재의 부족, 화재, 선박의 징발, 운송회사의 우발사고나 내란, 전쟁, 정부의 규제 등에 의한 비상위험의 어느 것도 해당 당사자에게는 통제할 수 없는 불가항력입니다.

계약에서는 불가항력에 기인한 계약의 불이행 또는 지연에 대해서는 해당 당사자는 면책됩니다. 따라서 이 불가항력에 의하여 계약의 이행이 불가능하거나 또는 지연되는 경우를 고려하여 미리 면책조항을 계약서에 삽입할 필요가 있습니다.

X. Force Majeure

x.1   Company shall not be liable to Buyer for a default or delay in the performance of its obligations under this Agreement if such default or delay is caused by fire, strike, riot, war, epidemic or pandemic diseases, governmental regulations, or any other circumstance beyond the reasonable control of such Party.

x.2   Company whose performance is prevented by Force Majeure event shall notify Buyer of the same in writing as soon as is reasonably possible after the commencement thereof, shall provide Buyer with full written particulars of such occurrence, expected duration thereof, and reasonable attempts made to remedy the same.

x.3   Within ten (10) calendar days after the termination of such cause, Company shall give notice to Buyer specifying the date of termination thereof. All obligations of both parties shall return to being in full force and effect upon the termination of such occurrence.

해석

X. 불가항력

x.1 회사는 본 계약에 따른 의무 불이행이나 지연이 화재, 파업, 폭동, 전쟁, 전염병 또는 유행병, 정부 규제, 또는 해당 당사자의 합리적 통제를 벗어난 기타 모든 상황의 원인으로 발생할 경우 그러한 불이행이나 지연에 대하여 구매자에게 책임을 지지 않는다.

x.2 불가항력으로 의무를 이행하지 못하는 회사는 그 사건 발생 후 합리적으로 가능한 한 빨리 서면으로 같은 사건을 구매자에게 통지해야 하고, 해당 사건의 특이사항, 예상 지속 기간, 그리고 같은 사건을 구제할 합당한 조치에 관한 서면 통지서를 구매자에게 제공해야 한다.

x.3 회사는 상대방에게 그러한 원인이 종료된 후 달력일 기준 10일 이내에 종료 날짜를 명시하여 통지해야 한다. 양 당사자의 모든 의무는 그러한 사건이 종료되는 즉시 완전한 효력을 발휘한다.

11) 분리가능성

분리가능성은 영어로 Severability(capability of being separated in an agreement), 즉 어떤 조항이 계약서의 다른 조항에 영향을 미치지 않는다는 것을 의미합니다.

다시 말해서 일반조항 중에 분리가능성은 양 당사자 간에 체결된 어느 한 조항이 무효가 되더라도 해당 조항을 계약서 전체의 다른 조항들과 분리해서 법률효과를 판단해야 한다는 것입니다.

예를 들어 분리가능성 조항에서는 관할권이 있는 법원 또는 중재 재판소에 의해 본 계약의 어느 조항이 무효 또는 위법이라고 선고된 경우라도 해당 조항만 배제되고 다른 조항은 여전히 유효하게 존속한다는 것을 규정하고 있습니다.

X. Severability

If any provision of this Agreement is unenforceable or invalid, the Agreement shall be ineffective only to the extent of such provisions, and the enforceability or validity of the remaining provisions of this Agreement shall not be affected thereby.

X. 분리가능성

본 계약의 어느 조항이 위법하거나 무효로 된 경우, 본 계약은 해당 조항의 범위에서만 효력이 없으며, 본 계약의 나머지 조항의 집행 가능성이나 유효성은 이에 영향을 받지 않는다.

12) 준거법

준거법(Governing Law)은 어떤 법률관계, 즉 당사자 간의 권리와 의무의 관계에 적용될 법률을 말합니다. 다시 말하면 준거법은 국제거래의 실제적 문제에 대하여 법률효과의 존재 여부를 판정하는 법률입니다.

예를 들어 무역 거래는 법률제도를 달리하는 당사자 간의 매매이므로 계약 내용의 해석에 대해 의견 차이나 분쟁이 발생할 때를 대비하기 위해 준거법을 정해 둘 필요가 있습니다.

따라서 계약 당사자는 어느 나라의 법률에 의거하여 당사자 간의 법률관계를 해석할 것인가 즉 적용법률을 정해두어야 하므로 거래당사자는 협의하여 준거법을 정하고 계약서 등의 문서에 이를 명시하는 것입니다.

 예문

X. Governing Law

x.1　This Agreement will be governed by and construed in accordance with the laws of Republic of Korea.

x.2　Each party shall submit and consent to the exclusive jurisdiction of the courts in Korea for the determination of any dispute arising under this agreement.

 해석

X. 준거법

x.1　본 계약은 대한민국 법에 따라 규정되고 해석된다.

x.2　각 당사자는 본 계약에 따라 발생하는 분쟁의 결정에 대해 한국 법원의 전속 관할권을 따르고 이에 동의해야 한다.

말미 문언(Testimonium clause)은 계약서의 합의 내용을 정리하는 맺음말입니다. In Witness Whereof(위의 내용을 입증하고자)라는 어구와 함께 마무리합니다.

즉 계약서의 본문 작성이 끝나면 아래 예문과 같은 말미 문언을 기재하고 아랫부분에 법률적으로 인정되는 대리인이 서명함으로써 계약서는 완성됩니다.

예문

1) In Witness Whereof, the parties hereto have caused this Agreement to be duly executed as of the day and year first above written.

2) In Witness Whereof, the parties have executed this Agreement in duplicate by their duly authorized representatives as of the date first above written.

해석

1) 위의 내용을 증명하고자 쌍방 당사자는 머리말의 날짜에 정식으로 본 계약서에 서명하였다.

2) 위의 내용을 증명하고자 쌍방 당사자는 머리말의 날짜에 적법하게 인정되는 대리인이 본 계약서 2부에 서명하였다.

8 서명

법률적인 의미에서 서명(signature)은 본인(또는 대리인) 고유의 필체로 자신의 이름을 제3자가 알아볼 수 있도록 쓰는 것을 말합니다. 계약서의 말미(끝부분)에는 법률적으로 인정되는 대리인이 법인명, 성명, 직위 등을 기재하고 서명란에 각각 서명합니다.

회사명을 쓸 때는 당사자의 약칭을 사용해도 좋지만, 정식 문서이므로 증명서상의 정식 명칭을 쓰는 것이 좋습니다. 또한 계약서 매 장 아래쪽이나 옆쪽에 본인(또는 대리인)의 사인을 기입하는데, 이는 분쟁이 발생할 경우 계약서의 위조를 방지하기 위한 것입니다.

참고로 Inc.나 Co., Ltd. 등은 법인격이 부여된 회사명에 들어가는 문구로, Inc.는 Incorporated의 약자이고 Co., Ltd.는 Company Limited의 약자입니다.

ABC Inc. By: _____ Name: James Lee Title: Representative Director	XYZ Co., Ltd. By: _____ Name: Kildong Hong Title: Chief Executive Officer

해석

ABC 주식회사 서명: _____ 이름: 제임스 리 직위: 대표이사	XYZ 주식회사 서명: _____ 이름: 홍길동 직위: 최고경영자

9 첨부 문서

첨부 문서는 문자 그대로 본 문서 등에 덧붙이는 문서(Statement added at the end of a document)를 말하며 별첨 문서라고도 합니다. 첨부 문서를 나타내는 단어로는 Attachment, Annex, Appendix, Exhibit 등이 있습니다.

계약 실무 담당자는 계약서의 첨부 문서에 이해하기 어렵거나 합의되지 않은 모호한 내용들이 포함되는 경우가 있으므로 이를 꼼꼼히 검토해야 합니다.

달리 말하면 첨부 문서 또한 계약서의 일부이고 법적 구속력이 있는 내용을 포함하고 있기 때문에 명확한 표현을 사용하여 합의된 문서를 작성해야 분쟁을 예방할 수 있습니다.

따라서 계약서 일반 조항에 첨부 문서에 대한 법률적 효력, 문서 간 우선 적용 사항 등을 규정해 둘 필요가 있는 것입니다.

X. Annex

The Annexes of this Agreement shall be contractually binding for both parties. The Terms and Conditions shall prevail over the Annexes of this Agreement. The Annexes have no order of precedence between them.

X. 첨부 문서

본 계약서의 첨부 문서는 양 당사자에 대하여 구속력이 있다. 본 계약서의 일반 조건이 첨부 문서보다 우선한다. 첨부 문서 간에 우선순위는 없다.

참고 문헌

1. 박지우, 『이메일 영어패턴 500+』, 넥서스, 2013.

2. 강대영, 『영어번역 & 영문독해 원론』, 반석출판사, 2021.

3. 유진영, 『숫자를 다루는 비즈니스 실전영어패턴』, 다락원, 2020.

4. Willy, 『영문 비즈니스 이메일』, 혜지원, 2019.

5. 조상무, 『삶도 일도 행복한 직장인입니다』, 북랩, 2020.9.

6. 벤쿠버 SM Education, 『Essence Essay Writing』, 마인드큐브, 2017.

7. 최정숙, 『미국식 영작문 수업』, 동양북스, 2020.

8. 최용섭, 『원서 잡아먹는 영작문』, 다산북스, 2017.

9. 이지윤, 『비즈니스 실무 영작 무작정 따라하기』, 길벗이지톡, 2017.

10. 박복재, 『글로벌 통상영어』, 전남대학교 출판문화원, 2021.

11. 권영구, 『인코텀즈 2020 쉽게 배우는 무역영어 기본 실무』, 중앙경제평론사, 2020.

12. 오시학, 『샘플로 쉽게 배우는 무역 실무영어 첫걸음』, 중앙경제평론사, 2021.

13. 박형훈, 『무역영어회화』, 태을출판사, 2021.

14. 최규삼, 『어려운 무역실무는 가라!』, 생각나눔, 2014.

15. 김동엽, 『국제무역사 1급』, 이패스코리아, 2021.

16. 한국원자력협력재단, 『국제 영문계약 매뉴얼』, 넥서스, 2020.

17. 이병태, 『법률용어사전』, 법문북스, 2021.

18. 나카무라 히데오, 『영문 계약서 작성의 키포인트』, 아카데미프레스, 2018.

19. 치요다 유코, 『이 책 없이 외국기업과 계약하지 마라』, 두앤비컨텐츠, 2006.

20. 넥서스컨텐츠 개발팀, 『How to Write 영문계약』, 넥서스, 2008.

21. 윌리엄 스트링크 2세, 『영어 글쓰기의 기본(The Elements of Style)』, 인간희극 2017.

22. 이태희·임홍근, 『법률영어사전』, 법문사, 2007.

23. Y.Peter Kim, 『Contract Drafting in English』, 동아대학교 출판부, 2012.

24. 김상만, 『인코텀즈 2020, 주요 개정 내용과 시사점』, 경북대학교 법학연구원 제67

    집, 2019.10, pp259-287.

25. 정홍식, 『영문계약서의 기본 형식과 구조』, 국제거래TV, 2020.

26. 최선집, 『국제영문계약의 전략적 이해』, 이지출판, 2018.